版权贸易合同登记号　图字：01-2020-2354

图书在版编目（CIP）数据

脏脏的科学. 跑出来的屎尿屁 /（美）西尔维娅·布兰茨（Sylvia Branzei）著；（美）杰克·基利（Jack Keely）绘；陈彦坤，马巍译. --北京：电子工业出版社，2021.11
　ISBN 978-7-121-41861-7

　Ⅰ. ①脏… Ⅱ. ①西… ②杰… ③陈… ④马… Ⅲ. ①科学知识—儿童读物 Ⅳ. ①Z228.1

中国版本图书馆CIP数据核字（2021）第171228号

责任编辑：张莉莉　特约编辑：刘红涛
印　　刷：北京利丰雅高长城印刷有限公司
装　　订：北京利丰雅高长城印刷有限公司
出版发行：电子工业出版社
　　　　　北京市海淀区万寿路173信箱　邮编：100036
开　　本：889×1194　1/12　印张：20　字数：272.25千字
版　　次：2021年11月第1版
印　　次：2021年11月第1次印刷
定　　价：180.00元（全3册）

凡所购买电子工业出版社图书有缺损问题，请向购买书店调换。若书店售缺，请与本社发行部联系，联系及邮购电话：（010）88254888，88258888。
质量投诉请发邮件至zlts@phei.com.cn，盗版侵权举报请发邮件至dbqq@phei.com.cn。
本书咨询联系方式：（010）88254161转1835，zhanglili@phei.com.cn。

温馨提示：

书中的小实验请在家长的帮助或指导下进行。

脏脏的
科学

跑出来的
屎尿屁

GROSS OLOGY

[美]西尔维娅·布兰茨 著
[美]杰弗·基利 绘
陈彦坤 马麟 译

电子工业出版社
Publishing House of Electronics Industry
北京·BEIJING

目录

脏脏序言 6

脏脏序言

有时它很臭，有时它会结痂，有时它会产生黏糊糊的黏液。它是谁？它是你的身体。大多数时候，你都不会因为自己身体的气味、硬痂和渗出的黏液而感觉恶心。但是，当别人身上出现这些状况时我们就会觉得很糟糕。

其实，无论是你、你的叔叔、你的老师，还是街上的孩子，我们的身体都可能因为相同或不相同的原因而出现问题。当阅读本书时，你会变身成一位脏脏科学家。当然，作为刚刚起步的脏脏科学家，你将认识很多脏脏的现象。

如果你愿意接受生活脏脏的一面，那么你可能会成为更有经验的脏脏科学家。这并不会太难 —— 你只需有一个坚强的胃就可以了。本书讲述的知识全部是可能引发大多数人厌恶的内容。例如，一生中分泌的唾液可以装满一个小蓄水池 —— 总计大约23 659升！

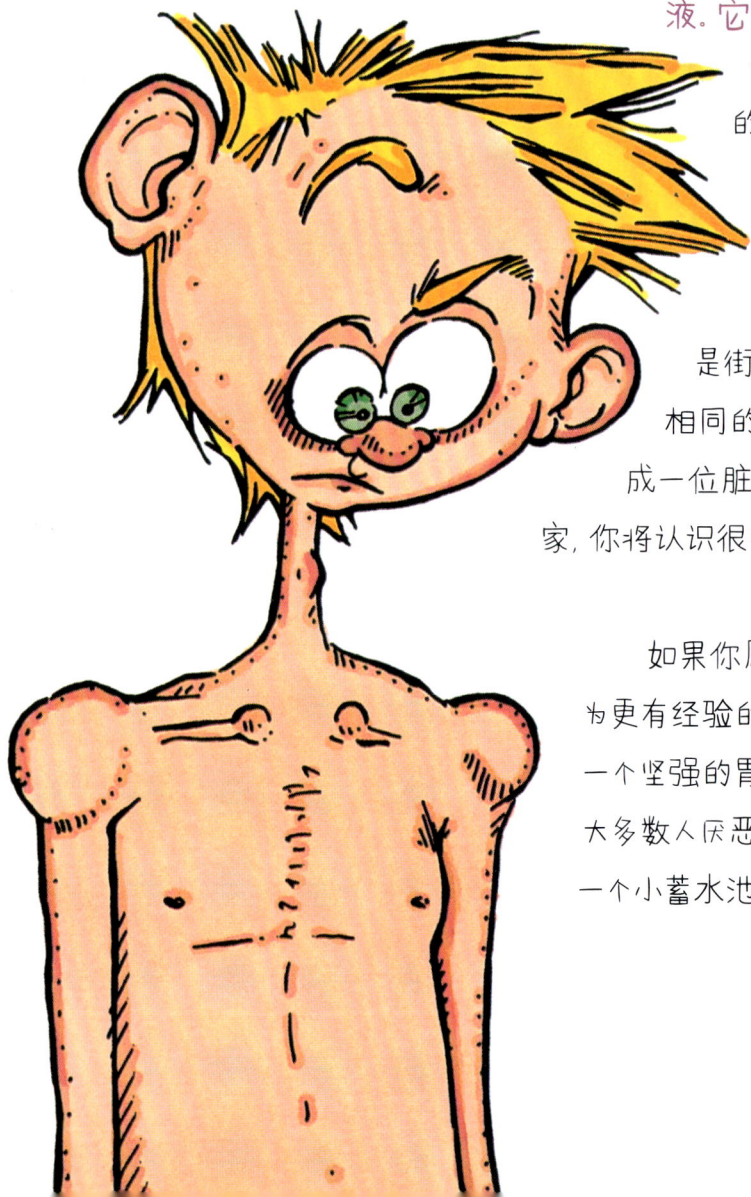

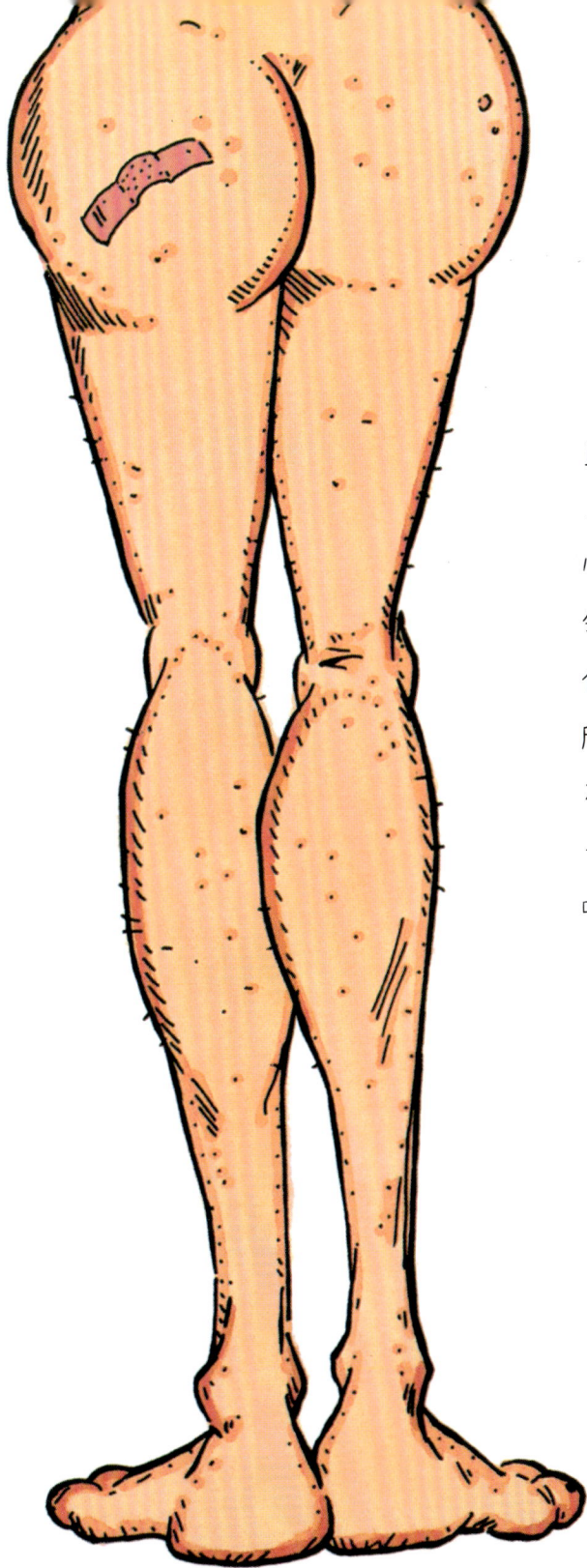

中世纪的时候，人们在公共场所抠鼻子是被接受的。而且，当时的礼仪小姐可能会告诉你："如果有鼻屎掉在了地上，请立即用脚碾一碾。"请确保你一定会传递这种令人恶心的信息，向你的父母、兄弟、姐妹、祖父母、阿姨、叔叔、邻居、朋友、老师、公共汽车司机，以及其他任何可能会听你诉说脏脏事物的人。这样，你就能和其他人一同分享和欣赏生活脏脏的一面了。此外，观察其他人的反应同样非常有趣。但是，请记住，每个人对脏脏事物的反应都不相同。一张让你恶心呕吐的图片，你的堂姐可能会说："这很正常啊。"然后继续吃她的三明治。

黏糊糊、滑溜溜、软塌塌的东西

呕吐物

食物来了！你的唾液腺开始分泌唾液，胃部肌肉收缩。当你冲进卫生间以后，你深吸了一口气。然后，你弯腰将头对准马桶，张开了嘴巴和喉咙。呕，呕，呕！！食物正在"回游"！

经历了一次非常严重的食物"回游"之后，有些人表示他们把自己的"苦胆"都吐出来了。这种说法并不正确。你的内脏都好好地留在原位，只是胃肠道里储存的食物"逆流而上"，从口中喷了出来。如果你在冲洗或清理呕吐物之前对它进行了分析，你将发现很多关于呕吐的事实。

当然，呕吐物主要是未消化的上一餐食物。大多数情况下，你可以看到水果和蔬菜等难以消化的硬物。但是，这并非呕吐物的全部，其中还有黏糊糊的透明液体。黏糊糊的液体是胃液，混合了少量滑溜溜的唾液。消化腺向胃部输送黏液，以保护胃壁，避免胃酸对胃壁造成伤害。通常，如果食物"回游"，你的胃壁会受到刺激，因此黏液的分泌量将超过正常水平。

恶心！人体肠道细菌的特写镜头。© 大卫·M·菲利普斯（David M. Phillips）

分解胃中食物的"酸"也是呕吐物的一部分。胃中的酸为**盐酸**，酸性很强，可以腐蚀、分解不锈钢剃须刀片。胃液中的黏液和食物可以稀释胃酸。呕吐物中还包括其他有趣的东西，例如，能分解油脂、肉和淀粉的**酶**。胃液中的盐酸具有腐蚀性和破坏性，所以在被迫通过你的喉咙时，它会继续发挥作用。这就是为什么呕吐后喉咙可能会感到疼痛。上面这些就是浴室马桶呕吐物中所有来自胃的东西！

但是，呕吐物为什么会呈可爱的绿色呢？确实如此，不过绿色和胃里的内容物完全无关，主要是因为进入小肠的胆汁呈黄绿色。呕吐物通常集合了肠道初段及胃的内容物。肠道初段储存的大多是被称为**食糜**的糊状食物，还有**胆汁**。胆汁由胆盐、胆固醇和胆色素等构成。这里所说的胆固醇与含有脂肪的食物中包含的胆固醇是同一种物质。而胆色素中包含胆红素，胆红素是一种色素，是呕吐物变成绿色和大便变成褐色的原因。所以，下次呕吐时，你可以说："哇，我刚刚喷出了一堆黏液、唾液、盐酸、酶、食糜、胆汁和晚餐的混合物！"

如果询问大多数人："你的身体做过的最恶心的事是什么？"很多人会说："呕吐。"试着邀请你认识的人配合你的调查，例如，同学、家人或者邻居。但是，你要做好准备，因为他们可能会分享自己最难忘的呕吐时刻。出于某种原因，人们会记住并且喜欢讲述糟糕的呕吐经历。

甚至大多数描述呕吐的词同样令人恶心，如呕、吐、反胃等。然而，呕吐是保护身体的重要方式之一，可以让你摆脱身体认为有害的东西。事实上，呕吐非常重要，大脑甚至形成了专门的呕吐中心，来引发这种人们无法控制的行为。一旦呕吐中心开始运作，你将丧失对身体的控制，只能等待呕吐发生。不同的事物可以刺激呕吐中心并引发呕吐。

胃内壁受到任意刺激都可能引发呕吐，这也是引发呕吐最常见的原因。例如，吃或喝得太多，有毒物质、感染细菌或病毒等，都会刺激胃部。当胃开始"发疯"时，小心，你的整个身体都将陷入混乱！

你的耳朵和大脑中有一部分负责平衡。如果大脑无法理解从耳道发送给它的信息，它就会感到困惑。大脑说："没法计算了，有些事情错了。我必须做点儿什么。"于是，你的大脑提醒呕吐中心开始工作。这就是为什么乘船、划船、驾驶和乘坐游乐设施都会让一部分人成为呕吐制造者。

第一次怀孕的女性也会经常呕吐。"哦，好开心！我要生宝宝了！啊哦！呕！"实际上，名为激素的化学物质才是导致呕吐产生的真正原因，而非开心。怀孕后，女性的身体将迅速发生变化。这些变化会扰乱身体的平衡，导致胃部不适。

有时候，人们会从口中喷射出一股"水流"，如向喷泉一样"跨越"相当长的距离，甚至可能击中天花板或穿过一所房间，人们称这种行为为喷射呕吐。一般情况下，喉咙闭合，呕吐物从小开口激射而出时就会形成喷射呕吐。如同用拇指堵住部分水管口，水就会形成喷射细流一样。喷射呕吐最常见于幼儿。

切忌！永远、永远！

不要自己催吐。这是非常愚蠢而且危险的行为。你应该去学校参加考试或完成任何你想要摆脱的事情。刺激自己呕吐有可能破坏你的胃、喉咙、口腔和牙齿。

也许，仅仅阅读本章内容就会让你感到不适。刺鼻的味道、肮脏的景象、厌恶的想法和紧张的情绪，都有可能让你产生呕吐的冲动。有时，你确实会呕吐。科学家们还不确定大脑产生呕吐反应的原因。或许只是为了让你的思绪摆脱任何困扰你的事情。这种反应可能不太令人愉快，但确实有效。

我们没有什么有效的方法阻止呕吐。如果闭着嘴，呕吐物可能会从你的鼻孔流出。最好的办法就是顺势而为。因为呕吐会排出体内的液体，所以呕吐之后我们首先要喝水、茶、果汁或肉汤，以补充身体损失的水分。如果已经呕吐数天，或者呕吐物中有血，请立即去看医生。

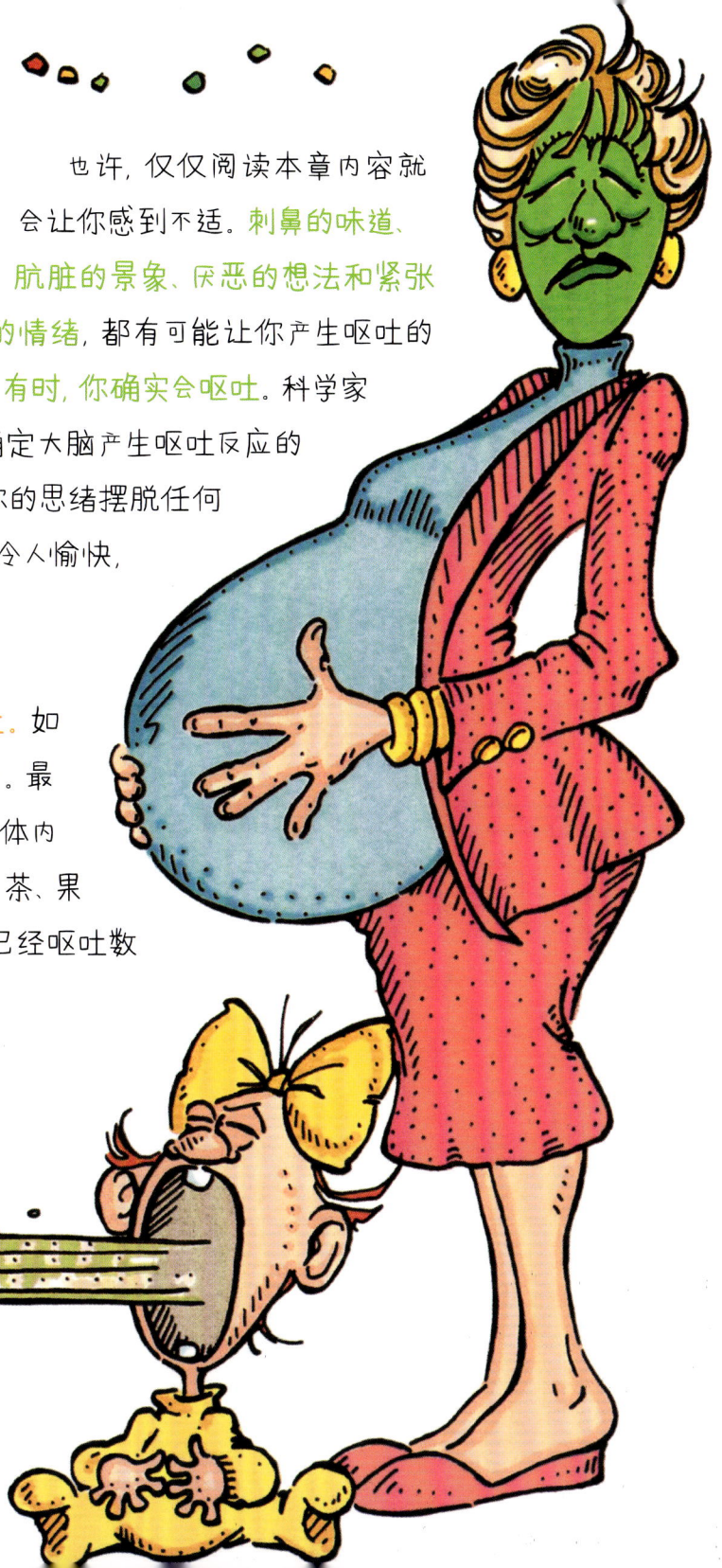

鼻屎

鼻屎 鼻屎 鼻屎 鼻屎 鼻屎

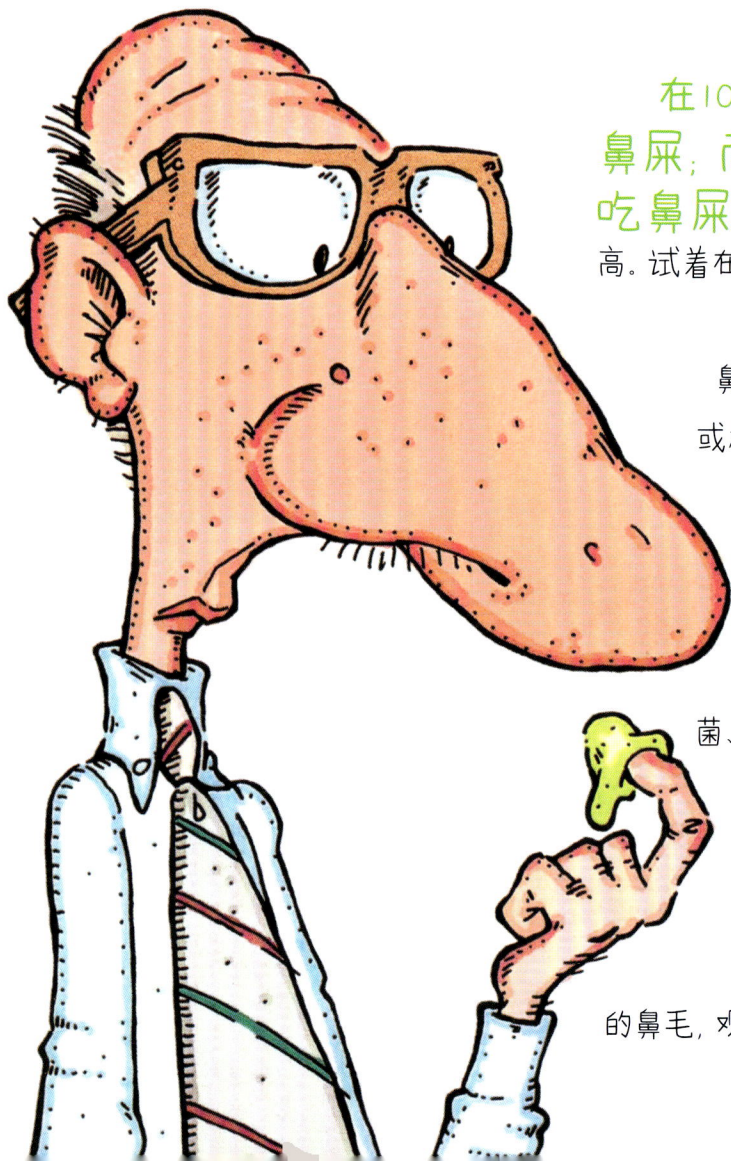

在100个人中，有70个人承认他们会抠鼻屎；而在这70人中，有3人承认他们会吃鼻屎。吃！鼻！屎！实际上，这个数据可能更高。试着在你认识的人群中展开调查吧。

鼻屎可能黏滑，也可能很硬，可能是黄色、绿色或棕色的块状物（大多数情况下）。实际上，鼻屎是鼻腔"收集"的垃圾。每天，你吸入的空气可以装满一个小房间。如果空气是纯粹的气体的话，你不会产生鼻屎。但是，空气中实际上充满了灰尘、烟雾、沙尘、细菌、真菌、花粉、煤粉、微小金属碎片、绒毛甚至陨石粒。将所有的杂质清理干净是鼻子的一项重要工作。

鼻毛是净化空气的第一道门槛。观察一下你的鼻毛，观察你的爸爸、叔叔、祖父的鼻毛更好，因为成

年男性的鼻毛更加浓密。鼻毛如同刷子一样过滤你吸入的空气，能够过滤掉其中的部分垃圾。想象一下蘸油或水后的毛刷，其清洁能力有多么出色。鼻毛同样如此。鼻腔中黏稠的液体即鼻涕，附在鼻腔内壁和鼻毛表面，可以包裹被鼻毛过滤下来的尘土和其他物质。这些被鼻毛过滤出的垃圾不断堆积成块，形成了

鼻屎。鼻屎粘在鼻腔表面和鼻毛上，其中的水分因为呼吸产生的干燥空气流而蒸发，变成干鼻屎。如果鼻腔的黏液较多，或者空气非常潮湿，鼻屎可能会保持湿润并留在鼻腔中。在你把它擤出来、吸入体内或者用手指抠出来之前，鼻屎块会不断地黏合、聚集。

所以，可以说鼻屎是被污染的鼻腔黏液。吃鼻屎并不是一个好主意，因为你咀嚼的都是恶心的东西。实际上，抠鼻子也不太卫生。如果抠得过于用力，你的鼻子可能会流血。不好玩。

高达
70%

大便

你知道托马斯·克拉普吗？他是英国人，在19世纪发明了用于向马桶水箱输送清洁水的截流阀。

每年，人们需要消费数十亿美元，用于购买卫生纸、支付冲水的水费、建造存放大便的设备，以及清理大便的处理厂。而且，这是一项持续性工程，而非一次性投入。因为人们会不断地制造大便，永远不会停止。屎屎、便便、屎和大便，都可以用来称呼这种不断被"生产"出来的固体废物。

大便 大便 大便 大便 大便 大便

今天你会去厕所排便（如果你隔一天排一次便，那么你有可能明天去厕所排便）。排便，顾名思义，就是将体内的大便排出体外。你排出的泥状废物实际上是前一天未消化的食物纤维、水、盐、细胞、细菌及色素等的结合体。

蔬菜中的植物纤维最终会被排入马桶。当你吃的食物经过小肠时，身体可以汲取蔬菜中的营养，并将无法吸收的部分送入大肠 —— 更宽的肠道，然后排出体外。也许你已经注意到了，你的身体无法完全消化完整的玉米粒。植物是兔子唯一的食物来源，但兔子也无法完全将其分解、消化。因此，为了保证饮食均衡，兔子会啃食少量新鲜的粪便 —— 兔子喜欢的美味。

在 17 世纪末的法国，人们能与路易十四国王交谈并认为这是一种莫大的荣幸，而国王也可以暂时脱离他坐得不那么舒服的王座。

数十亿细菌生活在人体内被称为结肠的肠道中，可以吞食人体消化吸收剩余的食物。在吞食这部分食物的过程中，这些细菌会产生气体和化学物质——3-甲基吲哚，也叫粪臭素。粪臭素能够产生人们熟悉的粪便气味，吸引苍蝇和好奇的狗狗。由细菌产生的气体会积聚并以屁的形式被人们释放出来。放屁和排便经常同时发生。当未被消化的食物经过结肠时，会聚集成块，形成大便。球形大便中间会充满气体。如果没有提前排出这些气体，它们就会随大便排出。所以，排便时你经常会听到噗噗噗噗噗的声音。

蠕动、挤压

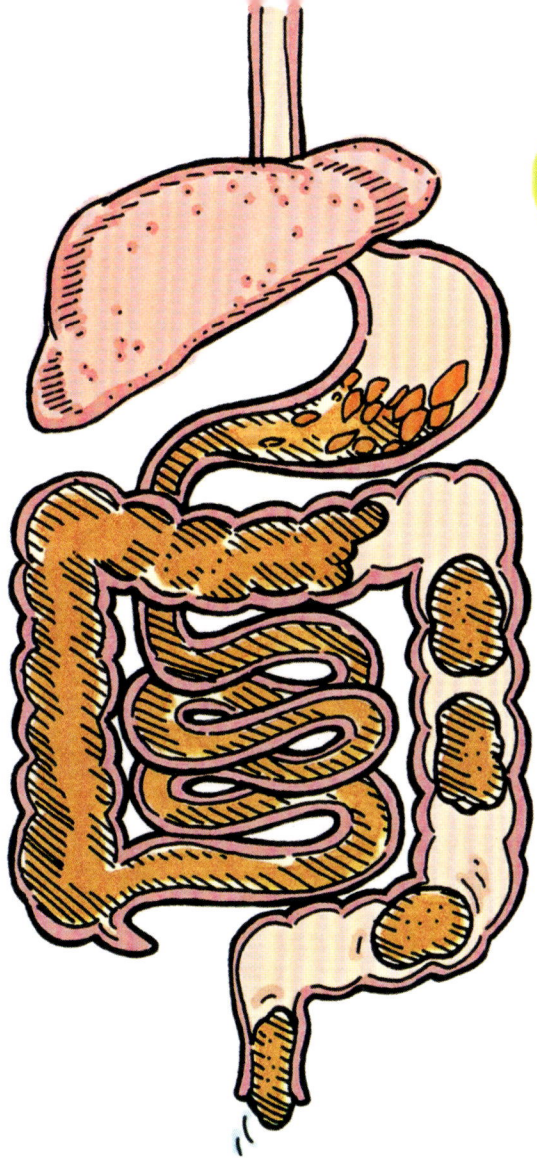

如果将肠道中的所有细菌全部取出放在一起，差不多可以填满一个咖啡杯。谁想尝尝？

大便的颜色源自胆汁的颜色。胆汁的颜色有黄色、橄榄绿色或褐色，而胆色素是红细胞死亡分解的结果。结肠细菌分解胆色素并使其成为棕色大便的一部分。如果没有细菌，人体排出的大便将呈黄色、橄榄绿色或褐色等各种颜色。哇，这些废物也是如此的丰富多彩。

你需要： 空心橡胶管（花园用来浇水的软管不行，如果找不到，可以使用空心塑料跳绳或剪掉两端的长气球）、漏斗、食用油、弹珠。

步骤： 确保橡胶管足够粗（橡胶管代表大肠），能容纳弹珠。把橡胶管放在水槽里，在一端插入漏斗，注入少量食用油（食用油代表大肠分泌的黏液）。显然，将橡胶管放置在马蹄形的平面上，从一端插入弹珠。注意弹珠向弹珠代表一块大便。捏弹珠后方的橡胶管，直到大便到这橡胶管最前移动的方式。继续挤压，直到弹珠后方的橡胶管，使弹珠经过橡胶管的最后一段，直后一个弯折的位置。现在，挤压弹珠后方的到从另一端排出。就许，你已经猜到这胶管，个开口代表的是什么了。

18

大肠是约1.5米长的褶皱管道，是人体的大便工厂。大肠肠道的右端与小肠相通，左侧末端为肛门。在约1.5米的大肠中，最后的20厘米长的那段被称为直肠。肛门位于直肠末端。直肠和肛门提供大便快递服务。

你可以将肠道视为铁路轨道，大便是停放在轨道上彼此独立的货车车厢。每天都会有新的车厢加入，而最末端的将被挤出。有时，新车厢到达的力量十足，有可能将末端的数节车厢挤出。推动肠道车厢移动的力量来自肌肉。大肠肌肉不断地收缩，推动大便移动。这种类型的运动称为蠕动。随着肠道的不断挤压，大便中的水分透过肠壁回收。半固体大便聚集并被压缩成块状大便。直肠装满大便后就会向大脑发送信息，进而你就知道，你该去厕所了。如果坐在汽车里，大脑会通知肛门保持闭合状态。如果没有学会控制肛门的技能，那么你就会在收到信号的同时排便……实际上，如果你还没有掌握这项技能，那么你很有可能还穿着纸尿裤。在适当的时间和地点，例如，坐在马桶上时，你会产生蠕动冲。蠕动冲是"排便"的科学表达。直肠肌肉收缩，会增加内部的压力。你借助腹部肌肉增加推力。肛门打开，便便被排出。噗！啊，好轻松！

天然气

沼气能

很早以前，中国就掌握了利用粪便的
方法。人们会收集猪和其他动物的粪便，并
将它们倒入大的密闭坑中。粪便中的细菌会继续
发酵，产生甲烷或天然气。借助连通容器内部的管道，
人们可以将天然气作为燃气，用于烹饪等。试想一下，利
用猪粪便产生的能量烹饪猪肉！

腹泻 腹泻 腹泻

腹泻！好听！

大声说出"腹泻（diarrhea）"这个词。很好听，不是吗？至少在一项关于文字的研究中，有些人是这么认为的。研究人员向不会说英语的人朗读了多个英语单词，然后让他们从中选出喜欢的单词。Diarrhea是大多数人的选择。如果知道了这个词的含义，声音的影响力可能会减弱。

英文中的"腹泻（diarrhea）"一词源于希腊语"diarrhein"，意思是"流过"，形象地表达了腹泻的含义。如果阅读了此前关于大便的内容，你应该熟悉蠕动和蠕动冲。腹泻可以被视为异常的蠕动和蠕动冲。一般来说，当你

腹泻还有自己的歌曲。当你小跑着奔向厕所时，不要忘了唱《腹泻之歌》。虽然这不会让腹泻停止，但这首歌可以为你的腹泻过程增加一些乐趣。如果没有听过这首歌，你可以阅读歌词，帮助理解曲调。

从清晨的酣梦中醒来，双脚尚未站稳，
步伐就如此急不可耐，
腹泻，腹泻！

完全不容喘息，爆裂的感觉如此强烈，
腹泻，腹泻！

随着身体的宣泄，精力同样被排空，
腹泻，腹泻！

喧嚣之后仍难得平静，
熟悉的感觉再次升腾，
腹泻，腹泻！

的排便量远超正常值时就会发生腹泻。并且，大便的形状完全贴合盛放它的容器，因为这种粪便是流动的。"跑肚拉稀"这个词形象地描述了腹泻时粪便的外观，以及这时的你需要小跑前往厕所的原因。

当肠道受到刺激时，你也会腹泻。"我感觉非常不安，所以必须快速移动这些废物并将其排出。"受刺激的肠道就会这么做。肠道肌肉加快了挤压大便的频率，流动的大便会飞快地移动，因为其中包含了大量的水分。此外，肠道会加快流质大便的流动速度，进一步加剧腹泻问题："我很生气，我要发疯了。"此时，大量含水量极高的大便会被排出。

肠道感染是腹泻最常见的原因。被称为病毒和细菌的微生物可以入侵肠道并在此繁衍。只要它们存在，肠道就会受到持续的刺激，蠕动和喷射同样无法停止。这种疾病通常持续数天。在此期间，患者将频繁地出入卫生间。超过100种疾病都有可能引发腹泻。压力、食物过敏、食物中毒、牛奶不耐受，以及部分药物也会导致腹泻。神奇的是，人们并不会持续地腹泻，一年可能只有一到两天时间腹泻。

每年有超过两亿人次的美国人前往国外旅行，其中约有5000万人会受到腹泻的困扰。科学家们曾研究世界各地腹泻的游客。根据研究人员的要求，部分游客会在出发前留下大便样本，并在外地旅游途中寄回样本，在返回后再次进行样本采集。有些科学家甚至随旅行者一起，以便实时跟踪游客收集样本并进行分析研究。根据这些研究结果，科学家发现，旅行途中的腹泻是吞食或饮用不同类型的细菌、病毒和其他微生物的结果。

亚马孙地区的卡亚波部落非常喜欢尝试不同的食物，因此他们的语言中包含大约 100 个表示腹泻的不同词汇。

尽管游客会腹泻，但当地人却不会。当地人已经习惯了所在地区的微生物，因此不会受到影响。这是否意味着人们应该永远不离开自己的家？确实，待在家里你永远不用担心其他地区的微生物进入你的体内。但是，在旅途中仔细选择食物并饮用瓶装水可以大幅减少患病的概率，更好地享受出国旅行途中新鲜有趣的见闻和体验。

你很有可能遭受某种类型腹泻的侵扰，即使留在家里也难以幸免。治疗腹泻的最佳方法是时间。腹泻应该会在数天内停止。不过，由于腹泻会导致体液流失，你需要喝大量含糖和盐的液体，运动饮料就是不错的选择。你也可以购买一些吸收水分或减缓蠕动的药物。

哦，不……

小便 小便 小便 小便 小便

有些南美原住民将它作为饮品:"好喝。"世界上很多地方的人把它作为健康饮料:"喝吧,对你有好处。"它还是美洲部分印第安部落的漱口水:"咕噜!咕噜!"它还是天然的皮革鞣制剂,非常适合用于皮鞋和皮衣的制作:"穿上吧,舒适又漂亮。"甚至,很多年以前,它是常见的清洁剂:"万用清洁剂——方便且实用。"

等等,没弄错吧?看标题,这一章介绍的应该是小便。是的,小便,或者称为尿,确实有些人喝它(呃)和用它洗刷(恶心)。实际上,小便并没有想象的那么恶心。尿液中大约96%是身体不需要的水,其余的成分包括盐、尿素、身体没有使用的维生素、色素和身体不需要的其他废物。

健康的尿液中没有多少细菌,因此新鲜的尿液要比大便和痰干净得多,甚至比脸部的皮肤都要干净。只有排入马桶并存放一段时间后,空气中的细菌才会进入尿液并繁殖。被排出人体一段时间后,尿液中的尿素会分解为氨和二氧化碳。

小便 小便 小便

　　氨使不新鲜的小便具有强烈刺鼻的气味。许多人使用氨作为清洁液清洁房屋，但是在商店购买的氨并不是用小便制成的。不过，古代人使用的氨是陈旧尿液的产物。

　　虽然最终都会被排入马桶，但泌尿系统与"生产"大便的消化系统是两个独立的系统。尿液从来不会与肠道内的大便混合，甚至不会与存放废物的器官产生交集。小便是在肾脏中形成的，然后直接进入膀胱，通过尿道被排出人体。尿道是连接膀胱与尿道口的管道。

　　每天你会产生并排出4~8杯尿。影响排尿数量的因素有很多，例如天气、食物及喝下的液体数量。你可以通

女性

你可能曾经注意到，女厕所门外经常排着长队，而男厕所的景象完全不同。一群大学生展开了一项调查来寻找原因。结果发现，男性排小便的平均时间为45秒左右，而女性则需要大约79秒。时间差异可能是导致女厕所外人们排长队的原因。

过记录确定自己的排尿量。每天，你会不止一次地去厕所小便，原因在于你的"储尿袋"（膀胱）不够大，无法同时容纳8杯尿液，通常只能容纳两杯。空的膀胱看起来如同一只瘪的气球。小便在肾脏中一滴一滴地形成，然后输入膀胱。充满尿液的膀胱就像装满水的气球。因为充满尿液而鼓胀后，膀胱中的小信息中心会向大脑发送信息："嘿，知道吗？你该去尿尿了。"

然后，膀胱会放松底部开口周围的肌肉环。幸运的是，在膀胱控制的肌肉环下方还有另一道肌肉环。第二道肌肉环听从大脑的指令，这就意味着实际上是大脑控制着你小便的动作。因此，大脑可能会回复膀胱："嗯，知道了。不要打扰我，现在没空。"

但是，这种延迟只能持续一段时间，最长到膀胱完全被充满。"嘿，大脑，我等不及了。现在必须去厕所！"这时，你最好采取行动，而且要快。控制膀胱肌肉是人后天学习获得的能力，这就是婴儿需要进行如厕训练的原因。

如果吃了很多红甜菜，你的尿液会变成红色。

普通人一生排尿约 34 833 升，足以填满 315 个浴缸！

有些人的尿液气味会因为吃芦笋而改变。

在 17 世纪的英格兰,有些医生能够说服容易上当受骗的患者,让他们相信医生掌握了能够将小便变成黄金的知识。

小便量

你需要: 一个空的塑料容器(例如花生酱罐或大的酸奶瓶)、蜡笔或永久性记号笔、150 毫升的量杯,以及水、铅笔、纸、你自己、肥皂、毛巾和隐藏的空间。

步骤: 将 150 毫升水倒入塑料容器,倒入 150 毫升水,并再次标记。继续拿取的位置。然后,将水倒出。重复以上操作,进行标记。继续容器内装满水。第二天早上起床的第一件事,就是向容器中排尿,并在一张纸上记录小便的数量。请记住,新鲜的尿液没有细菌,然后把容器冲洗干净。日期和时间。将尿液倒入马桶,然后把容器放置一段时间后细菌将在其中繁殖。清洗手和容器。记录一整天的小便量,并计算出总量。第二天,多喝水。再次记录小便,你排次数和小便量会增加吗?那么,多喝水时,出的尿量会增加吗?

口水和唾液

闻到醋味，你会不自觉地流口水。其实，想到食物，你也会不自觉地流口水，只是口水的数量存在差异。当想到某些特殊的食物时，你的口水会流得更多。如果你认识一个孩子，他总是夸口："只要我不愿意，你休想让我做任何事。"现在，你可以找到那个孩子，说你可以让他流口水。然后，你就描述美味的食物，例如，刚烤好的巧克力饼干、冰镇柠檬水和薯片。即使那个夸口的孩子嚷嚷着"不听不听"，他也无法阻止口水的分泌。不过，你要小心，当心他会生气，然后向你吐口水。呀！快跑，快点儿！

你嘴里产生的液体并不完全是水，因此它们被称为口水或唾液。好吧，其实口水大部分成分是水 —— 高达99.5%都是水。其他含量很少的非水物质是一堆各种化学物质。（后接第30页）

和唾液

唾液发动机

你需要： 你自己、柠檬汁或醋。

步骤： 找一个装柠檬汁或醋的容器，并把它打开。把鼻子靠近容器口，然后吸气。不要吸入液体，只闻气味就够了。注意嘴里发生了什么变化，是不是口水变多了？

吐西瓜籽几乎和吃西瓜一样受欢迎，有些国家或地区甚至还会举办吐西瓜籽比赛。吐西瓜籽的世界纪录保持者是来自美国得克萨斯州的李·威利斯，距离达20.96米。下次吃西瓜时，试试你能否打破这个纪录。

唾液魔法：把淀粉变成糖

对于生活在非洲坦桑尼亚的马赛人来说，吐口水是一种善意的表现。向新生婴儿吐口水可以为孩子带来好运，而交易通常只有在双方互吐口水之后才会宣告真正达成。

你需要： 你自己，一块苏打饼干（无盐饼干的效果最好），这需要一点时间。

步骤： 在你的舌头上放一块苏打饼干。闭上嘴，但不要咀嚼。让饼干在舌头上待几分钟，以便唾液把饼干充分浸透。

记住：不要嚼！几分钟后，用舌头充分品尝饼干，然后吞咽。饼干的味道怎么样？有什么变化吗？

（上接第28页）唾液含有能够杀死细菌的物质，例如，盐、气体、抗酸剂、黏液、分解食物的化学物质（酶）和尿液。尿？我的嘴里有尿？是的，所有人的口中都有尿。尿从人体分泌唾液的器官进入口中，这些器官被称为腺体。

你的唾液工厂由多个腺体组成。在脸颊的内壁分布着许多小腺体，这些腺体可以分泌少量唾液。此外，每个人还有3对唾液腺，分别位于两只耳朵的前方、舌头下方和下颌下方。

唾液通过连通腺体与嘴巴的管道进入口腔。想想容量为一升的汽水瓶所装的汽水量，这是每天进入我们口腔的唾液量。现在想象一个容量为190升的大瓶子，吃干草的母牛每天产生的唾液量能装满这个大瓶子！

口水具有重要作用：润湿食物，以便于吞咽；杀死口腔中可能导致蛀牙的细菌，如同一种天然的漱口水。此外，唾液还可以把淀粉变成糖。这是一种非常神奇的魔术。唾液中包含的酶可以分解长的淀粉分子，将其转变为短的糖分子。因为唾液，人们的生活变得更甜蜜了。

唾液实验

你需要：两块饼干、你自己、碘酒（可以在药店的外用药品区找到）、两个玻璃碗（玻璃盘子或小杯子也可以）。

步骤：把一块饼干碾碎放入一个玻璃碗中。加几滴碘酒。如果碘酒变成黑色或深蓝色，则表明饼干含有淀粉。嚼另一块饼干。**不要吃滴了碘酒的饼干！**碘酒有毒，味道真的很糟，而且你会搞砸实验。继续咀嚼，直到饼干变成糊。**不要吞下去。**把咀嚼后的饼干糊吐到干净的玻璃碗中，加几滴碘酒。这时碘酒是什么颜色的呢？

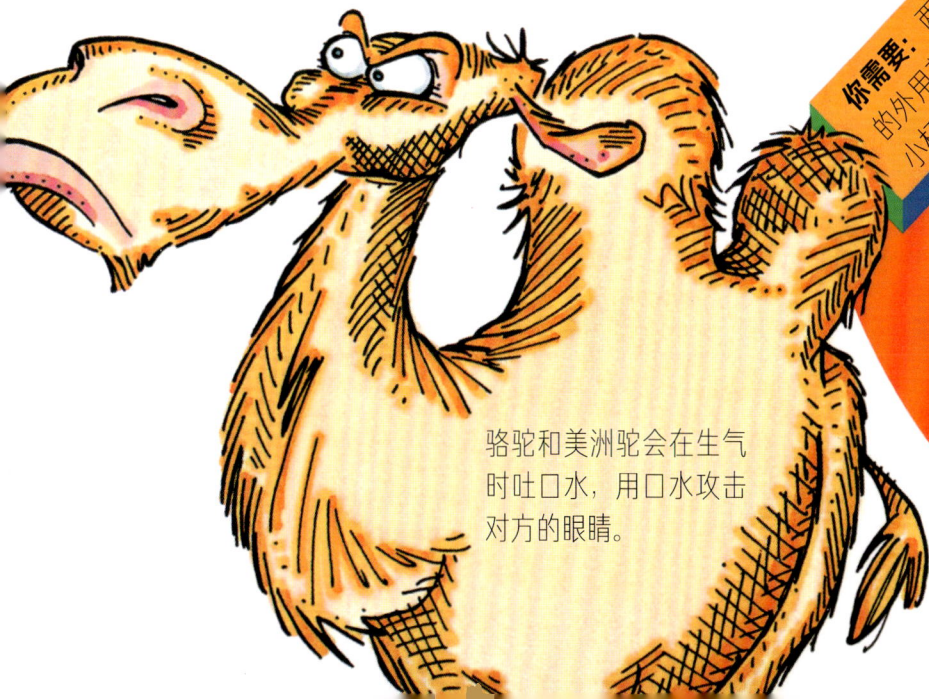

骆驼和美洲驼会在生气时吐口水，用口水攻击对方的眼睛。

鼻涕

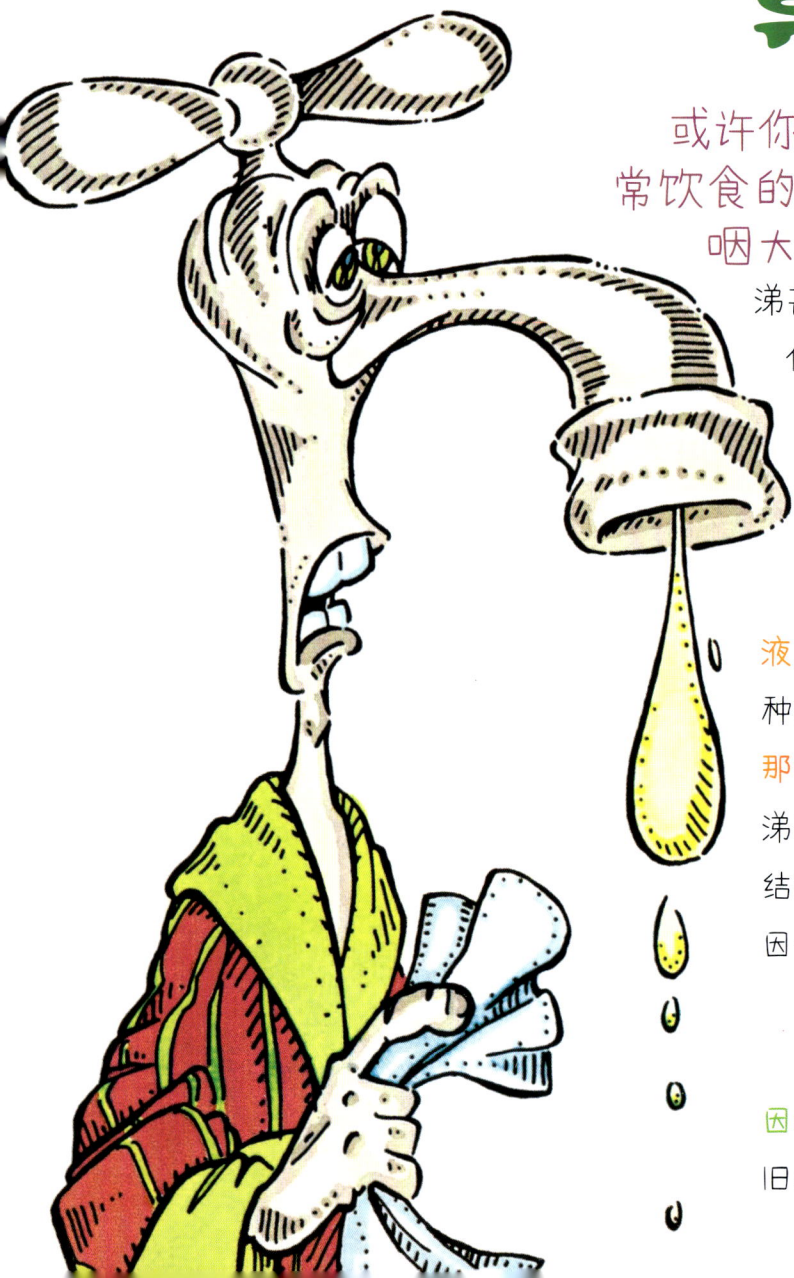

或许你从来没有意识到，鼻涕也是我们日常饮食的一部分。鼻涕？是的，你每天会吞咽大约1升的鼻涕。如此看来，你每天吞下的鼻涕甚至可能比你喝的牛奶还要多。不过，这并不是说倒一大杯鼻涕，然后一饮而光——"哦，我需要每天喝一杯鼻涕。"鼻涕会从鼻腔直接流到你的喉咙后部，在你不知道的情况下进入胃里。

鼻涕是一种滑溜溜的液体，是鼻腔分泌的黏液，其中混合了可以杀菌的特殊化学物质。鼻涕是一种类似玻璃液的透明浓稠液体。像玻璃一样透明？那么黄绿色的鼻涕是怎么回事？擤鼻子时，擤出来的鼻涕可能不是透明的，这是鼻涕与空气中的杂质混合的结果。如果感冒了，擤出黄色或绿色的鼻涕实际上是因为其中混合了细菌和细菌废物。

鼻涕可以防止垃圾进入肺部。鼻涕非常重要，因此鼻子每20分钟就会将鼻涕更换一遍。为了防止旧鼻涕从鼻孔滴下来，人的鼻腔内壁长满了鼻毛。

鼻涕 鼻涕

如果你读过鼻屎那章，你应该已经对鼻毛有所了解了。有些鼻毛粗且硬，可以与鼻黏液一起拦截空气中的大块杂质，形成鼻屎。

其他的细小鼻毛叫作纤毛，纤毛从黏液层探出。数以百万的纤毛将鼻黏液运送到鼻子的后部。每一根微小的纤毛每秒可以摆动10次，而纤毛集团可以让鼻涕以约0.6厘米/分的速度移动着。鼻涕在移动过程中会收集沿途遇到的微小碎片，包括与红细胞一样小的空气杂质。鼻腔清洁队将脏鼻涕倾倒在喉咙的"垃圾滑槽"后面（当你感觉嘴里有痰时，你会将鼻腔中黏糊糊的鼻涕与附在喉咙表面的垃圾鼻涕结合）。最后，脏鼻涕被吞咽下肚，胃像垃圾焚烧炉一样摧毁细菌和人体吸入的其他东西。鼻腔的清洁工作十分出色，所以你的鼻腔实际是身体最干净的部位之一。

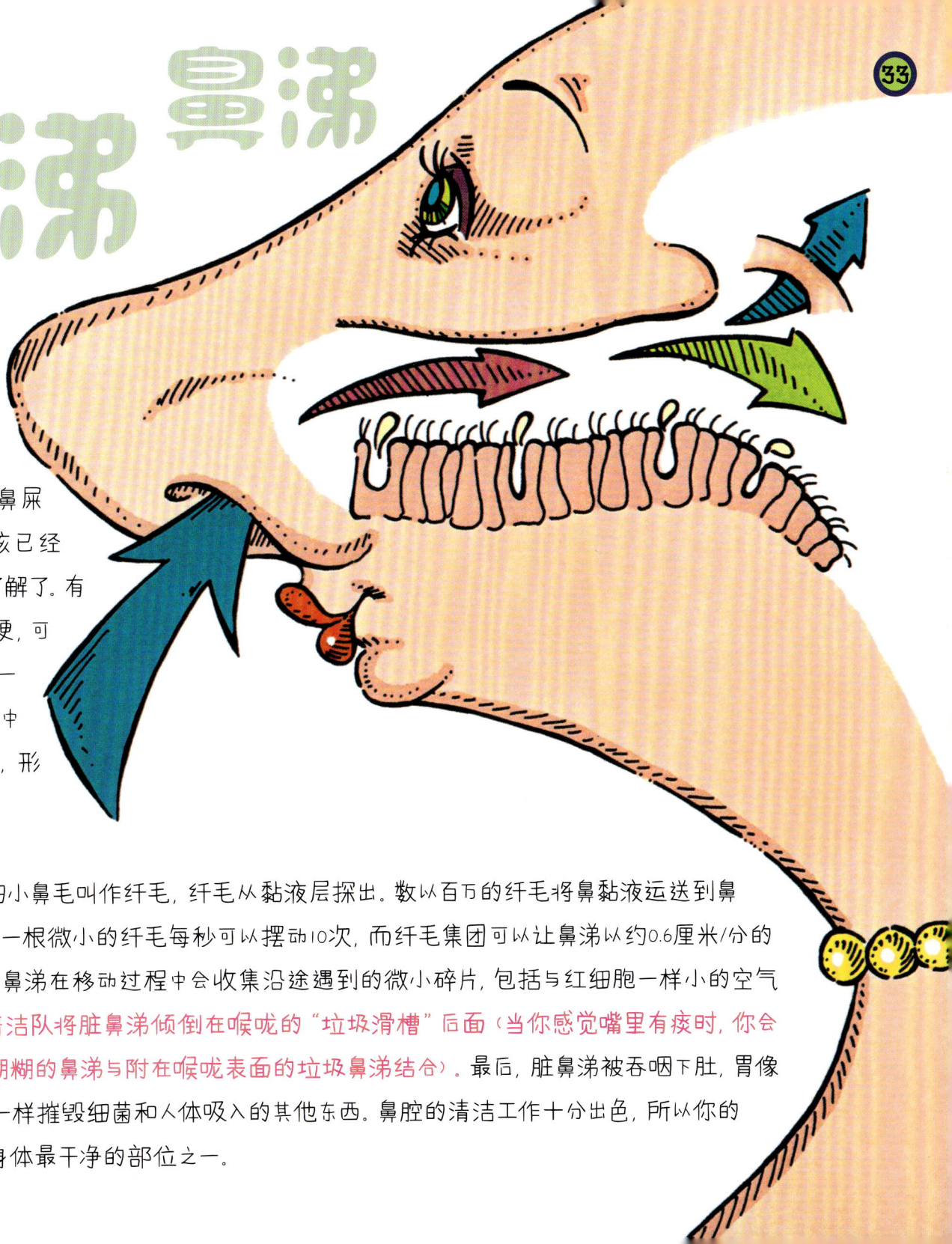

很久以前，人们认为从鼻腔流出来的鼻涕是通过鼻孔漏出来的大脑。

在有些因纽特人的部落中，有母亲从婴儿的鼻子中吸出鼻涕并吐在地上的习俗。

只有在纤毛停止工作时，你才会注意到它们让鼻涕流动的作用。当你从温暖的室内走到寒冷的室外时，纤毛的摆动速度会减慢，纤毛甚至会被冻结。随之，鼻涕像被拧开的水龙头里流出的水一样从鼻孔流出。或者，如果颅骨内被称为鼻窦的空间被阻塞，那么鼻涕将在此堆积，让鼻窦内充满黏性物质，并且变得厚实。如果纤毛停止工作，那么进入鼻腔的新鼻涕不会被移走，所以你的鼻子会被阻塞，或者导致大量鼻涕向鼻子的后部滴落。如果空气净化系统没有正常工作，那么鼻涕会停止流动并变脏，并且开始滋生细菌，形成厚厚的球形黄绿色鼻屎。有些人会频繁地流鼻涕，那是因为他们有过敏症。对于过敏患者来说，很多常见的事物，例如，灰尘、花粉或动物毛发，都会让他们的身体释放出一种化学物质。这种化学物质刺激鼻子，并发出"产生更多黏液，让鼻窦阻塞肿胀"的指令。鼻子听从指令后，过敏患者会流出清鼻涕，并且频繁地打喷嚏。

是不是还没介绍完？是的。

耳屎 耳屎

耳屎分为两类：湿耳屎和干耳屎。你的耳屎类型取决于遗传。大多数白色人种、黑色人种和拉丁裔的耳屎都是油的黏性棕褐色湿耳屎，大多数亚洲人和美洲原住民的耳屎都是黏且易碎的灰色干耳屎。

永远不要把小于手肘的东西插入耳朵里。等等，手肘可无法插进耳朵里！没错，永远不要往耳朵里插入任何东西。禁止插入耳朵的物品包括棉签、发夹、牙刷、铅笔、豌豆、自行车、电视和胡萝卜。如果不能往耳朵里插入任何东西，那么该怎么清理里面堆积的耳屎呢？答案是无须清理。当我们打哈欠、咀嚼或吞咽时，耳屎会自然干燥并形成小球，然后掉出来。现在知道了吧？我们其实在不断地到处丢弃耳屎。但是，如果你试图将耳屎挖出，你所做的只是将耳屎推入耳道的更深处，然后堆积在鼓膜附近。这样很不好，因为鼓膜是人类听觉的重要器官，所以耳屎形成的屏障可能阻碍声音的传播。更糟糕的是，如果使用尖锐的物品掏耳朵时刺穿了鼓膜，听力可能受到永久性的损伤。

耳屎 耳屎

耳屎 耳屎

耳朵分为三部分: 外耳、中耳和内耳。 外耳是通过肉眼或借助自制耳屎检查器（使用手电筒和塑料锥体）可以观察到的部分，也是耳屎或耵（dīng）聍（níng）形成的地方。耳道内壁有大约2 000个特殊的汗腺。这些汗腺不会分泌汗液，而是分泌耳屎。耳屎附在耳道内壁，可以"捕获"任何脏脏的东西，包括污垢、灰尘和进入耳道的虫子。如果生活在空气污染较为严重的地区，人们会产生更多的耳屎。耳屎收集了脏东西之后黏性会减弱，进而形成团块并掉落。**要收集耳屎，请查看家人的耳朵。**

耳屎探测器

你需要： 小手电筒或笔形手电筒、塑料瓶、剪刀、油漆、刷子（或记号笔）、胶带、一位志愿者。

步骤： 取下塑料瓶的盖子。用剪刀剪下瓶子的顶部，这样你可以得到一个形似漏斗的锥形物。修剪瓶子的顶部，直到它能够紧贴手电筒能够照亮的一端。用刷子蘸深色油漆或用记号笔涂抹瓶口内壁。等油漆或记号笔的痕迹干燥，把锥形瓶顶粘到手电筒上。寻找一位志愿者，要观察其右耳的耳道。请让志愿者捏住他的外耳根部，然后轻轻往耳道入口处，以露出耳道。把耳屎探测器放在耳道入口处。然后打开手电筒，查看耳屎。你有多少年没有清理过耳朵了？你的耳朵里塞了一枚硬币？

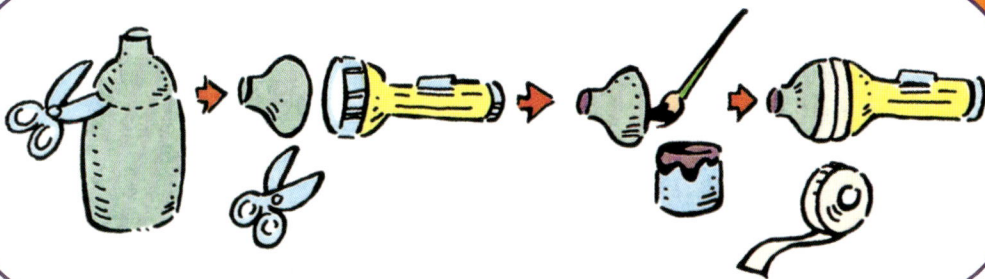

青春痘

青春痘

快！快速回答："人体最大的器官是什么？"你认为是心脏、胃，还是肠？正确答案是皮肤。把手放在放大镜下面，观察你的皮肤。皮肤表面有汗毛和毛孔，汗毛通常从毛孔探出，但有些毛孔没有汗毛。你也可能会看到一些小的白点。这些白点是死皮细胞。每天，你都会脱落部分皮肤——每隔28天，你全身的皮肤就会更换一遍。

生活在皮肤表面的巨大细菌！© 大卫·沙夫（David Scharf），1986 年

青春痘终极控制法

1. 每天用温和的香皂洗脸数次。
2. 将含有过氧化苯（běn）甲酰（xiān）的抗痘产品涂抹在长痘的区域（除非真正长出了痘痘，假性青春痘和不是青春痘的区域，包括可能长痘的区域，使用非油性防晒霜）。
3. 不要在脸上涂抹护肤霜或油性化妆品，使用非油性防晒霜。
4. 保持平静。压力增大会让痘痘突然爆发。

皮肤油性测试

我们的皮肤表面还有一堆用放大镜也看不到的东西，例如，从毛孔流出的少量血细胞、脓液、油脂和汗液，还有大量生活在皮肤表面的微生物。这些微生物被人们称为细菌，它们在皮肤表面摇摆、滚动、跳跃、游动、觅食和繁殖。细菌非常微小，十几个细菌排成一列才相当于一个毛孔的直径。6.45平方厘米的腿部皮肤上生活着约8 000个细菌。但是，鼻子、脸颊和下巴部位生活着更多的细菌，达到了200万个以上。不用现在马上去洗脸。无论你洗多少次，无论你洗得多么用力，你都无法彻底清理干净它们。实际上，即使有这么多细菌也没有太大关系，这些小生物并不会伤害你。

你需要： 你的脸、毛巾、香皂、水、医用酒精、棉签、钟表、小块纸巾。

步骤： 用香皂清洗你的额头，再用毛巾擦干。然后使用棉签蘸医用酒精擦拭额头。等待4小时。在此期间不要触摸你的额头。4小时后，拿纸巾用力抹过你的额头。如果超过一半的纸张有油迹，则表示你的皮肤属于油性皮肤；如果纸上只有轻微油迹，则表示你的皮肤属于中性皮肤；如果没有油迹，那么你的皮肤就属于干性皮肤。

嘿, 等等! 还有更多的细菌! 皮肤表面正下方也"生活"着很多细菌。它们在皮肤上挖洞是因为它们讨厌氧气, 更愿意生活在永久隔离氧气的油脂层下方。**在额头的油脂层下方, 每6.5平方厘米"生活"着约800万个微生物。**和生活在皮肤表面的微生物一样, 这些微生物也不会伤害你。

单单是这些微生物并不会引发皮肤问题。然而, 死皮细胞、毛孔、皮肤油脂和细菌的组合经常成为青春痘滋生的原因。青春痘的医学名称是痤疮。痤疮包括黑头/白头粉刺、丘疹和囊肿。其中, 囊肿大且有痛感。大多数人都曾长过粉刺。但残酷的事实是, 青春痘、粉刺和囊肿在青少年中最常见。因为青少年的身体变化非常快, 体内分泌的化学物质激增, 而且皮肤会生成大量皮脂。随着时间的推移, 脂腺会减缓皮脂分泌, 并且变得正常。

公元 350 年左右, 人们治疗痤疮的方法是寻找一颗坠落的星星, 在盯着星星下落的同时用布挤擦青春痘。

图坦卡蒙是著名的埃及法老之一，他去世时还是青少年。在图坦卡蒙的墓中，人们发现了无数珍宝，还有许多装着祛痘膏的小瓶。

所有形式的痤疮都具有相同的开始方式。死亡的皮肤细胞（死皮细胞）落入毛孔内部。然后，死皮细胞与毛孔内的皮脂、细菌和细菌废物混合，形成粉刺。"粉刺（comedo）"一词在拉丁语中实际表示"肥蛆"，因为早期的医生认为这些疙瘩是蛆在皮下吞噬皮脂时形成的隆起。呃，恶心！

如果毛孔张开，内部的垃圾与空气接触就会形成黑头粉刺。黑头粉刺的黑色部分并不是尘土。如果挤破一个黑头粉刺，你会发现挤出来的是氧化的皮脂和皮肤色素。黑头粉刺可以自行掉落。

如果粉刺没有开口，白细胞会在该区域聚集并且吞食垃圾，形成脓液并向皮肤表面移动。于是疙瘩诞生了。如果受到挤压，青春痘的尖端就会有白色液体喷涌而出。白色的物质主要是脓液。如果积累了大量的脓液，则会出现囊肿。

有些人的皮肤比一般人的皮肤更油，因此他们出现青春痘的概率通常更高。还有一些人长痤疮，据说是因为他们喜欢吃巧克力或油炸食品，或者头发一直垂在脸上导致的。这些观点其实不对，无论是食物还是头发都不会引发青春痘。

水疱水疱 水疱

虽然你知道饼干烤盘仍然很烫，但你却迫不及待地想要品尝这种用糖、燕麦和面粉烘焙的食物。嗯！啊！哎哟！你碰到了烤箱中滚烫的金属，你迅速缩回手指，比职业拳击手的快拳还要快。数秒钟后，你的身体将开始修复受损的皮肤。数分钟之内，你会发现身体努力修复带来的成果：水疱。

实际上，水疱分为两种。比大头钉帽还要小的水疱称为囊泡。"囊泡"（vesicle）一词源自拉丁语，意思是小囊。如果你长了水痘，你可能会注意到身体表面出现了很多小水疱。水痘病毒、蚊虫叮咬、药物反应和晒伤都会形成疱。大的水疱称为大疱（bullae），bullae在拉丁语中表示气泡。大疱可能源于烧伤、摩擦和引发唇疱疹的病毒。但是，无论是囊泡还是大疱，都属于水疱。

斑蝥（máo）是一种甲虫，将成虫干燥粉碎后可以入药，用于散瘀发疱（长疱）。

一旦长了水疱，人们就总是忍不住想要捅破它。皮肤表面的突起看起来非常像装着水的小气球。但是，身体产生水疱并不是为了好玩，而是为了保护你。皮肤的结构是一种类似生日蛋糕的分层结构。人们可以看到的顶层是表皮（epidermis）。Epi表示外层，derm源自希腊语，意思是皮肤。表皮实际上是死亡的皮肤层。表皮下方是真皮层，真皮层分布着血管、汗腺、发根和新的皮肤细胞。摩擦会损伤皮肤细胞，例如第一次穿新鞋走路。血管中的黏性液体因为高温或病毒而在某区域聚集，也可能损伤皮肤细胞，产生水疱。水疱中主要是从血管中渗出的液体与包裹身体器官的液体的混合液。有时，红细胞也会在该区域聚集，形成血疱。液体在真皮和表皮之间聚集，使表层的皮肤膨胀。轻轻按压水疱，你可以感觉到水疱内部的液体。

水疱通常会持续数天，期间你的身体会修复皮肤。修复完成后，水疱会爆裂，或者变干。只有水疱引起的疼痛感非常强烈时才能用消过毒的针将其扎破。否则，就用绷带遮住它，眼不见，心不烦，你就不会总想着把它弄破了。

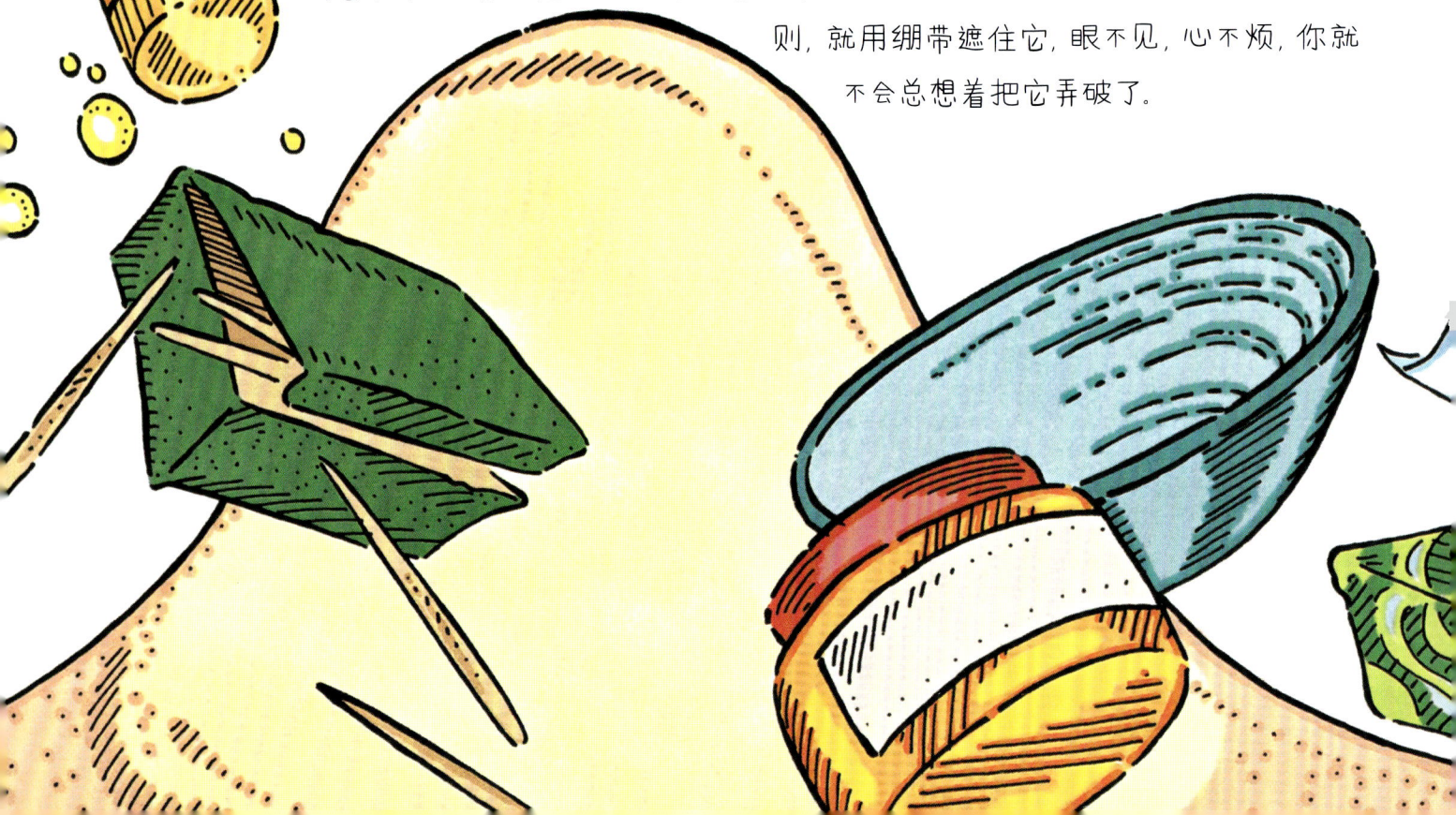

如果感染了细菌，水疱会变得很恶心。很多时候，水疱会自生自灭。然而，有人总喜欢去捅破它。然后，在皮肤表面生活的细菌将大量涌入水疱。装满清澈液体的漂亮小水疱将变成一个充满黄色或绿色脓液的"怪物"。"脓"，听起来就很恶心，感觉有什么东西腐烂了。连读数遍"脓"，单单听到这个词，你都会鼓起腮帮子，皱起鼻子，表达你的反感。

脓是非常恶心的东西，由干净、清澈的体液、被抗感染细胞消灭的细菌，以及在战斗中死亡的免疫细胞组成。死亡的细菌和细胞会使脓液发臭。充满脓液的水疱可能意味着你必须去看医生。

假水疱

你需要： 红色的食用色素、黄色的食用色素、凡士林、碗、牙签、白色的纸巾。

步骤： 选择要长疱的部位，用手指涂抹少量的红色食用色素，并在长疱部位涂抹大小相当于1角硬币的一块椭圆形、"变异"斑块。面积不要太大，否则看起来不真实。将一些凡士林放入碗中，加入一小滴黄色食用色素，用牙签搅拌混合。将淡黄色凡士林球状混合物放在红色纸巾分离成单层，制作成水疱的形状。大小与皮肤表面的红色斑块相当。然后撕成椭圆形，大小色的纸巾椭圆斑块的中心，把纸巾放在的凡士林"上。在纸巾表面轻轻涂抹透明清理边缘，直到纸巾消失不见。最后"水疱"上。现在，你可以向别人展示水疱。你可以说："你有干草叉吗？我要捅破这个可怕的水疱。"

痂、类似鳞片的恶心的东西

头皮屑
头皮屑

头皮屑

任何有毛发、羽毛或皮肤的动物都会产生皮屑，包括长尾小鹦鹉、小猫和海象。唯一的区别是这些片状物质出现在人类的头皮表面称为头皮屑，出现在其他动物的体表称为皮屑。

每天，你的身体会掉落大约100亿个微小的皮肤碎片，这些碎片浮在空中，落在地板、家具、草坪或其他人身上。你一生掉落的皮肤碎屑可以填满7个2.5千克的面粉袋（把它们放在面包里吃掉吧）。每次收拾梳妆台时你都可以看到头皮屑。超过3/4的家庭灰尘都是皮肤碎屑。新的皮肤将取代掉落的皮肤碎屑。新的表皮层将在约28天后死亡、干燥并脱落。

通常情况下，人们无须担心身体不断掉落的微小皮肤碎屑，但人们很难忍受像雪片一样从头部飘落到肩膀的头皮屑。

啊，有头皮屑！有些人会因为难看的头皮屑而感到恐惧。"糟糕！其他人会看到我脱落的头皮屑。我的人生要毁了。"于是，他们冲进商店，购买洗发水和乳液，用来清洁和保养头皮，并且仔细检查头部，以确保令人讨厌的头皮屑至少从视线中消失。

头皮屑

头皮屑不会导致秃顶。

产生头皮屑实属正常现象。在10~20岁的人群中，大约一半以上的人有头皮屑。在30岁以上的人群中，有头皮屑的人的数量会减少。每3天，人头部的皮肤细胞就会更新一遍。和身体的其他部位一样，头部的死皮细胞必须让位给新的皮肤细胞，所以它们会脱落。然而，与身体表面的死皮细胞不同，头皮细胞可能受困于头发。头部腺体分泌的油脂与头发结合，形成死亡皮肤细胞的牢笼。灰尘和油烟与黏黏的皮肤细胞结合在一起，让一切变得更糟。死皮细胞、油脂和灰尘的组合将形成黄色油腻或灰白色干鳞屑——头皮屑。大多数时候，细小的头皮屑会在人们洗头时随水流入下水道。不过，有时候，"头皮屑工厂"或油脂腺可能会失控，形成肉眼可见的头皮屑。

青少年的油脂腺更容易失控。这就是12岁左右的青少年经常出现头皮屑、痘痘和黑头的原因。在这个年龄之前，身体则很少出现因为油脂引发的"副产品"。青少年和成年人也可能因为油脂腺失控而出现头皮屑。没有人能真正确定头皮屑出现的原因，但可以肯定的是，你很难抓到刷子或梳子上的头皮屑。

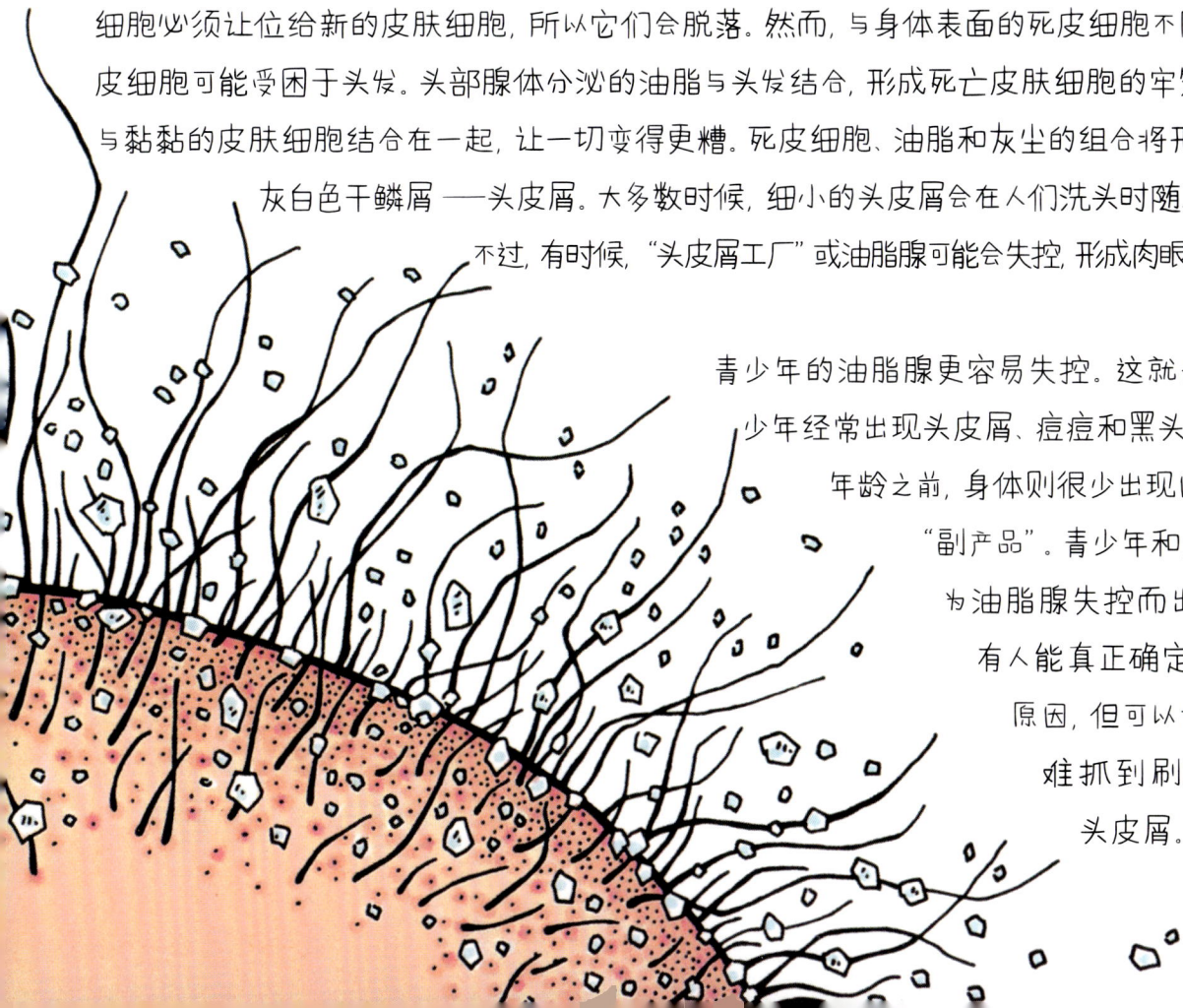

新生儿也可能出现一种名为乳痂的头皮屑。但婴儿不是青少年！来自母体的残余化学物质会刺激婴儿头部的油腺在出生后变得活跃。谢谢，妈妈。婴儿的乳痂是黄褐色的、油油的、硬硬的。"哦，多么可爱，头上还有痂呢。"乳痂只会持续很短的时间。实际上，婴儿并不在乎，因为婴儿根本不知道什么是头皮屑。

有时候，人们会仅仅因为假头皮屑而恐慌。例如，如果洗头时没有将洗发水冲洗干净，剩下的洗发水就会结块并脱落。这并不是头皮屑。所以，务必要把头发彻底冲洗干净。晒伤的头部在脱皮时也会产生类似头皮屑的碎屑。但是，这些也不是头皮屑，而是晒伤后死亡的皮肤细胞。所以，若长时间待在阳光下，请戴上帽子。

皮肤碎屑

几乎在地毯、床、沙发及家里的任何地方，都生活着一种叫作尘螨的小虫。它们有 8 条腿，需要借助高倍显微镜才能看到。它们以掉落的死亡皮肤细胞为食——好吃。现在，有超过 100 万只尘螨正在啃食你昨晚掉在床垫上的皮肤碎片。

巨型尘螨来袭! ©CNRI/ Scieuce Photo Library

真的，非常糟糕的头皮屑可能伴有头皮瘙痒和发红，不过这可能根本不是头皮屑。这可能意味着你的身体出现了问题。去屑洗发水、乳液和用毛刷清理都无法让它消失。去看医生吧，可以确定身体一定是出了问题。

现在，大家都知道头皮屑是什么了。那么，如果出现了头皮屑该怎么办呢? 如果真的出现了头皮屑，请参考以下建议: 不要惊慌; 每周清洗头发数次; 确保将头发上残留的洗发液清洗干净; 如果使用普通洗发液不起作用，请尝试使用去屑洗发水。放松，玩得开心。头皮屑不会伤害任何人，包括你在内。

痂和伤口

　　这是未解的宇宙难题之一：人们为什么喜欢把痂揭掉？痂是干燥和凝结的血液，是遮盖伤口的天然绷带，并非糖果或好玩的玩具。痂可以保护其下方的皮肤不会再次遭遇入侵或被破坏，直到皮肤恢复正常。伤口区域是一个微型的战场。人体必须保护好自己免受细菌的侵害，同时重建被撕裂的皮肤结构。

　　人体内部有着完善的防御系统，任何伤口都会触发防御警报。伤口是细菌入侵的通道，大量的细菌在伤口附近聚集，因为血液是它们无法抵抗的美食。然而，聚集的细菌很容易引发感染。所以，身体将发出警报。化学物质附着在"入侵者"（细菌）身上，并向身体的其他防御部队发送集合的指令。

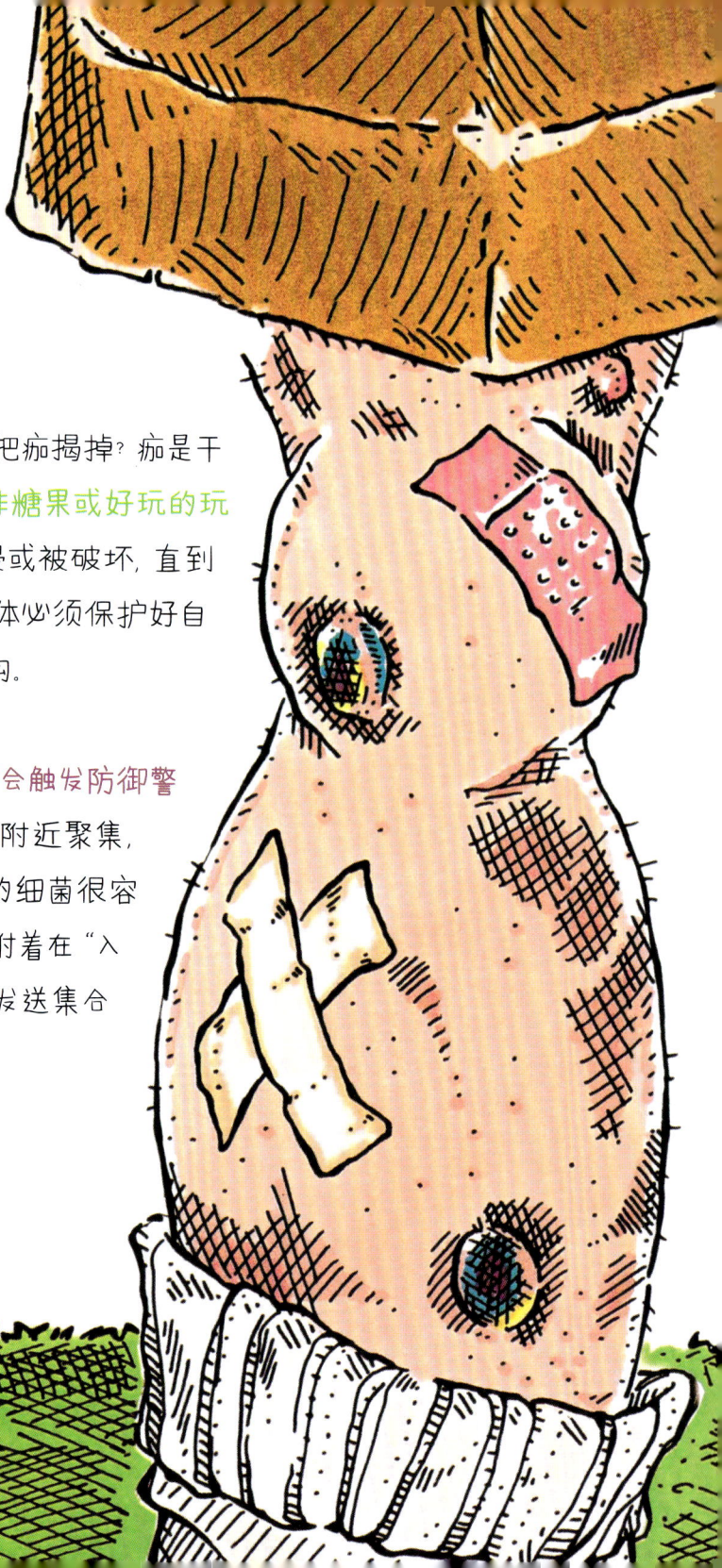

血和伤口

修复细胞也属于防御部队。最早到达的是名为血小板的微小血细胞，它可以封闭伤口区域。血小板通常随血液自由流动，但面对危险时它们将发生变化——变得黏稠，并且聚集以形成一个阻止血液继续流出的塞子。这就是小伤口通常会在数分钟后停止流血的原因。

接下来，伤口区域聚集的血液开始发生变化。你有没有触碰过受伤数分钟之后的伤口？伤口处的血液变得像果冻一样黏稠。黏稠的物质是血液凝块。血液在凝结过程中会形成纵横交错的网。凝块表面干燥后会变成血痂。

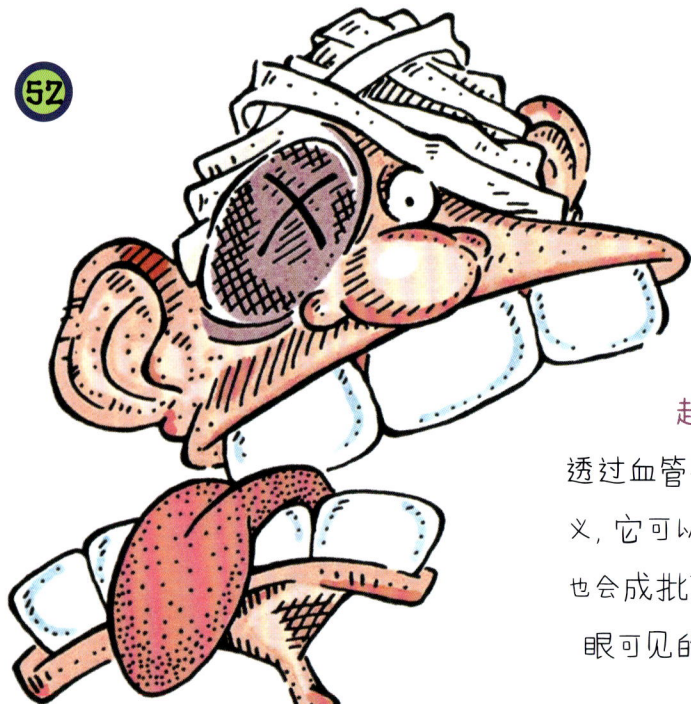

现在，我们继续关注战场。如同在追踪时闻到气味的猎犬一样，接收到化学信号之后建立起第一道防线的是吞噬细胞。吞噬细胞像果冻块一样透过血管壁渗出，到达受伤区域并发动攻击。吞噬细胞，顾名思义，它可以吞噬侵略者。在防御入侵者入侵的过程中，吞噬细胞也会成批死亡。成堆的吞噬细胞和活着及死了的细菌将形成肉眼可见的脓液鼓包。

随着下一道防线的到来，战斗进入白热化 —— 巨噬细胞来了。与吞噬细胞相比，这些巨噬细胞要大得多，胃口也大得多。巨噬细胞吞噬被杀死的细菌和吞噬细胞，以及战场遗留的所有残骸。随着它们的进食，伤口处的肿胀会慢慢消失。

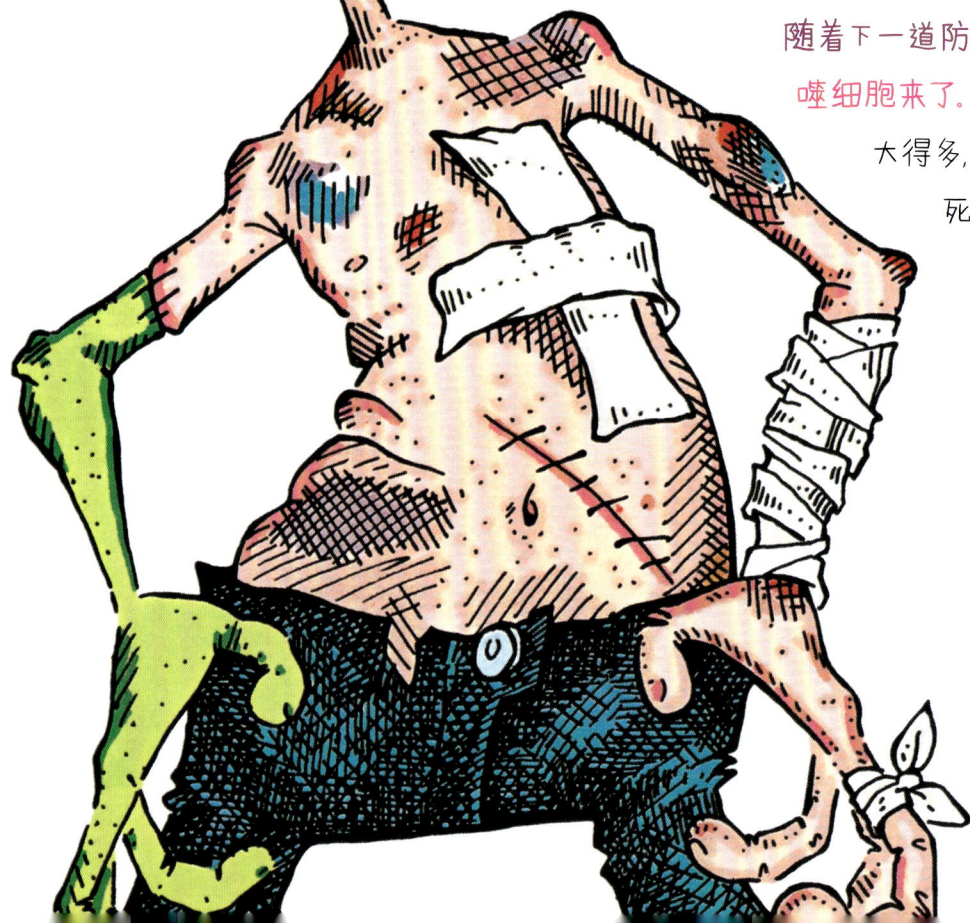

虽然主要的战斗已经结束，但身体还会建立一道防线。在前线，这些战士搜寻并摧毁任何可能越过防线的细菌。这些负责搜索和摧毁细菌的细胞被称为自然杀伤细胞——听起来似乎是个相当不错的名字。

在战斗如火如荼地进行时，皮肤也在进行修复——痂下方会形成全新但很薄的皮肤。特殊的细胞到达结痂区域并开始重建。这些细胞会形成一种坚韧的物质，人们称之为纤维蛋白，用于愈合伤口。伤口消失后，痂脱落。祝你们有好胃口。

英文的"scab"（痂）一词源自拉丁语"scabere"，意思是"抓、擦"。

伪造伤口

你需要：凡士林、红色食用色素、牙签、碗、纸巾（白色）、可可粉。

步骤：在碗里放一些凡士林，再滴入4滴红色食用色素，并加入一小撮可可粉。然后用牙签搅拌。之后分离出一个小矩形，并撕下一个长约7.5厘米、宽约5厘米的小矩形。将纸巾放在选定的伤口部位，用凡士林覆盖。现在，整理黏性组织的形状，以制作伤口。伤口的侧面应高于中间。在伤口中间位置，涂抹血色的凡士林，在边缘撒可可粉，然后细致地调整可可粉，制作深色的伤口边缘。你还可以在伤口中心添加少量可可粉。最后，向其他人展示你的成果，有人会因为鲜血或伤口而感到伤心，也有人可能会害怕得晕过去！

眼屎

眼屎

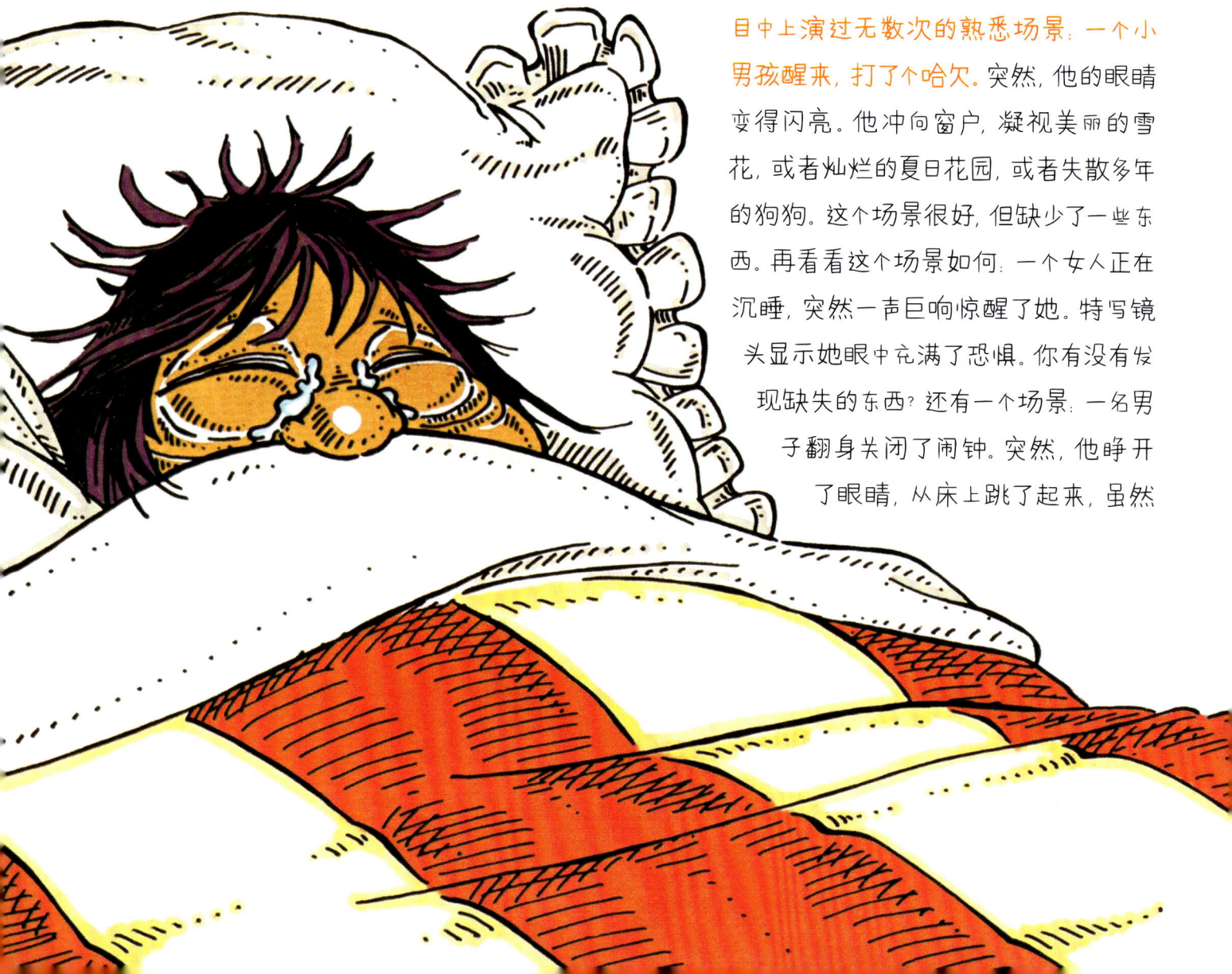

这是一个在电影、商业广告和电视节目中上演过无数次的熟悉场景：一个小男孩醒来，打了个哈欠。突然，他的眼睛变得闪亮。他冲向窗户，凝视美丽的雪花，或者灿烂的夏日花园，或者失散多年的狗狗。这个场景很好，但缺少了一些东西。再看看这个场景如何：一个女人正在沉睡，突然一声巨响惊醒了她。特写镜头显示她眼中充满了恐惧。你有没有发现缺失的东西？还有一个场景：一名男子翻身关闭了闹钟。突然，他睁开了眼睛，从床上跳了起来，虽然匆忙，但他并没有忘记商业广告要求的内容。发现了吗？这几个场景都缺少眼屎。荧幕中所有人在起床后都没有揉眼清理眼屎的动作。实际上，他们甚至都没有眼屎。

在现实生活中，清理眼屎是清晨起床的例行程序。如果眼屎落在地板或床上，你真的无须过多注意。如果发现别人的眼角有眼屎，请尽量避免盯着看，可以告诉对方清理眼屎。一个奇怪的现象在于，眼屎没有统一的俗名，你可以叫它眼屎、眼沙、瞌睡虫等。不过，眼屎已经出现了数百万年，人类和动物都无法避免。

眼屎可能是硬粒，也可能是可以拉丝的、黏糊糊的一团，通常形成于眼角。有时，下眼睑的睫毛上也会有眼屎。两只眼睛在最靠近鼻子的眼睑接合位置分别有一个小的肉质突起——通过镜子观察一下。不要把手指伸进眼睛，只需向下拽下眼睑就能看到。然后，抬起上眼睑观察这个肉质突起。这个突起就是泪阜。泪阜由油脂腺和汗腺构成，这些小腺体会喷出白色的黏性垃圾，而这些物质有时会聚集在眼角。不过，眼屎并不都是泪阜的分泌物。

眼泪是最好的洗眼液。不过，有时候疲倦发痒的眼睛可能也需要休息保养。尽量少用从药店购买的滴眼液。最好闭上眼睛，休息一下，科学合理地使用眼睛。

每只眼睛都有腺体向眼睛分泌泪液物质。有些腺体的名字听起来类似希腊神灵，而不是泪液制造器官，如蔡斯腺、克劳泽腺和沃尔弗林腺。最大的腺体形似杏仁，位于上眼睑和眉毛之间的眼角外侧上方，皮肤下方。每年，这些腺体可以分泌大约3.8升清洁液或眼泪。眼泪流过眼球，然后通过与鼻子附近接合处的小孔排出。眼泪流入鼻子，然后被吞咽下肚。因此，鼻子是眼泪的倾泻场，这就是哭泣经常伴随鼻涕的原因。

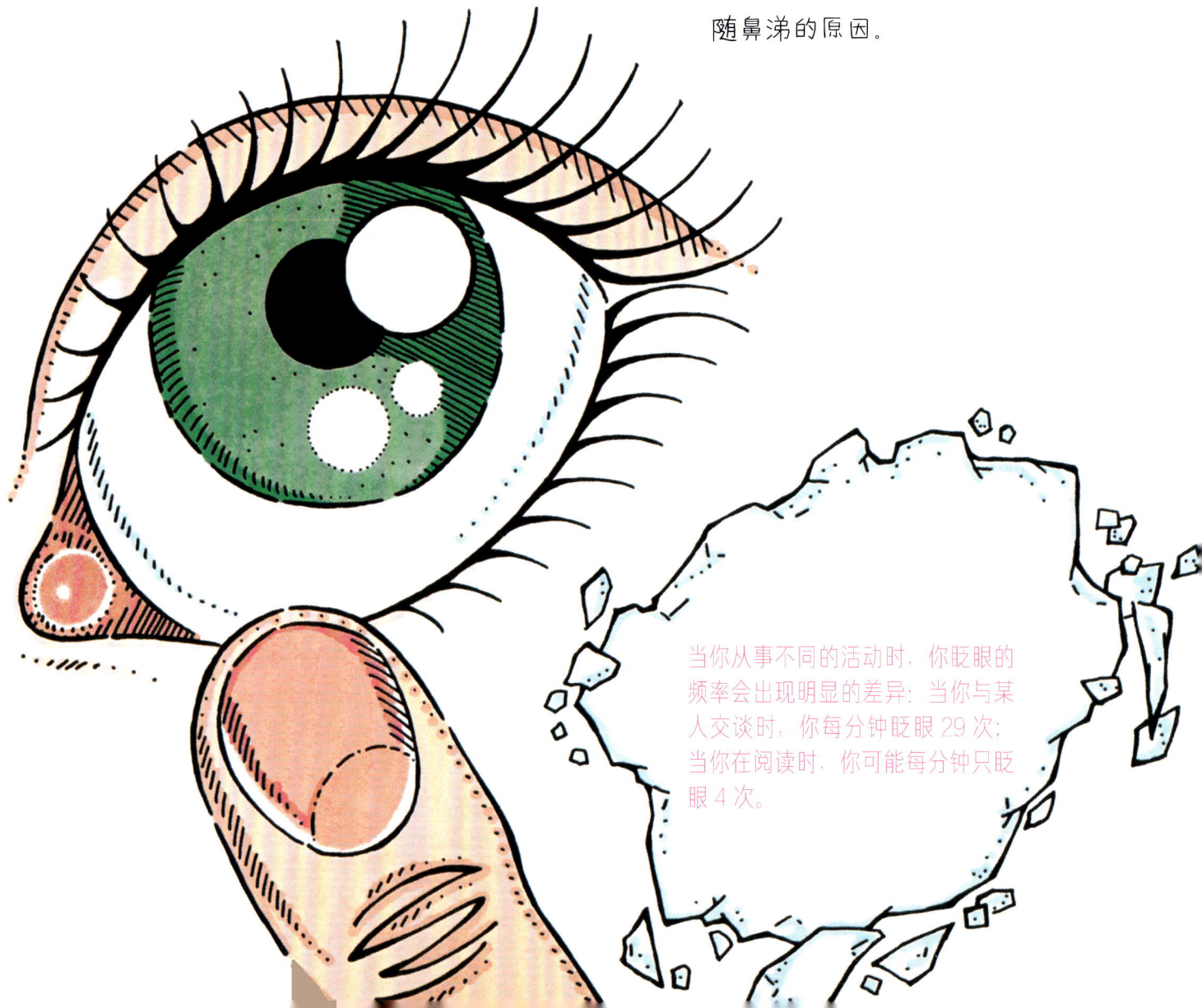

当你从事不同的活动时，你眨眼的频率会出现明显的差异：当你与某人交谈时，你每分钟眨眼 29 次；当你在阅读时，你可能每分钟只眨眼 4 次。

沐浴眼球的泪膜分为3层：黏液层，由蜡、胆固醇（食物中包含相同的物质）及其他脂肪组成的油脂层，中间的泪液层。泪液是一种混合物，由盐（这就是眼泪发咸的原因）、糖、氨（清洁液中包含的一种物质）、尿素（尿液中含有相同的物质）、大量水、白蛋白（常见于鸡蛋清中的一种蛋白质）、柠檬酸（类似于橙子和葡萄柚汁）、一种杀菌化学物质及其他物质组成。但是，所有这些泪液物质与早晨的眼屎有什么关系呢？

哦，是的，继续说眼屎。当你眨眼睛时，眼睑会推动泪液在眼球表面移动。人们眨眼的频率大约为每分钟20次，眨一次眼只需1/5秒。人的一生中，眨眼的时间总计可达5年。在眨眼过程中，眼睑闭合，小排水孔就会关闭。

现在介绍眼屎的形成。晚上，我们闭上眼睛，眼睑随之闭合，形成了防水的密闭空间。睡觉时，眼睛部位的腺体几乎不会分泌泪液，如果有也只是少量的。夜间，泪液从眼球渗出并在眼角聚集。因为眼睑闭合，小排水孔关闭，泪液不会流出。泪液中的液体蒸发，留下少量的硬壳物质。这些物质与泪阜的汗水和油脂混合——瞧，眼屎形成了。

狗、猫和大多数有眼睑的哺乳动物都会在眼部形成不同形式的眼屎。但是鱼有眼屎吗？不一定，因为有水一直在冲洗它们的眼睛。

牙垢 牙垢

你的嘴巴里是个好地方：温暖、湿润，还能享受许多美味的食物。作为这样一个受欢迎的"热带度假天堂"，你的口腔中舒适地生活着许多不同类型的微生物。有圆形微生物，有杆状微生物，还有小螺旋形微生物。实际上，你的嘴巴中非常拥挤。就在此刻，你阅读本页的同时，你嘴里有超过1亿个微生物正在游泳、觅食、繁殖，以及在嘴唇后面的区域倾倒废物。

在你出生前3个月，牙齿就已经开始生长了。

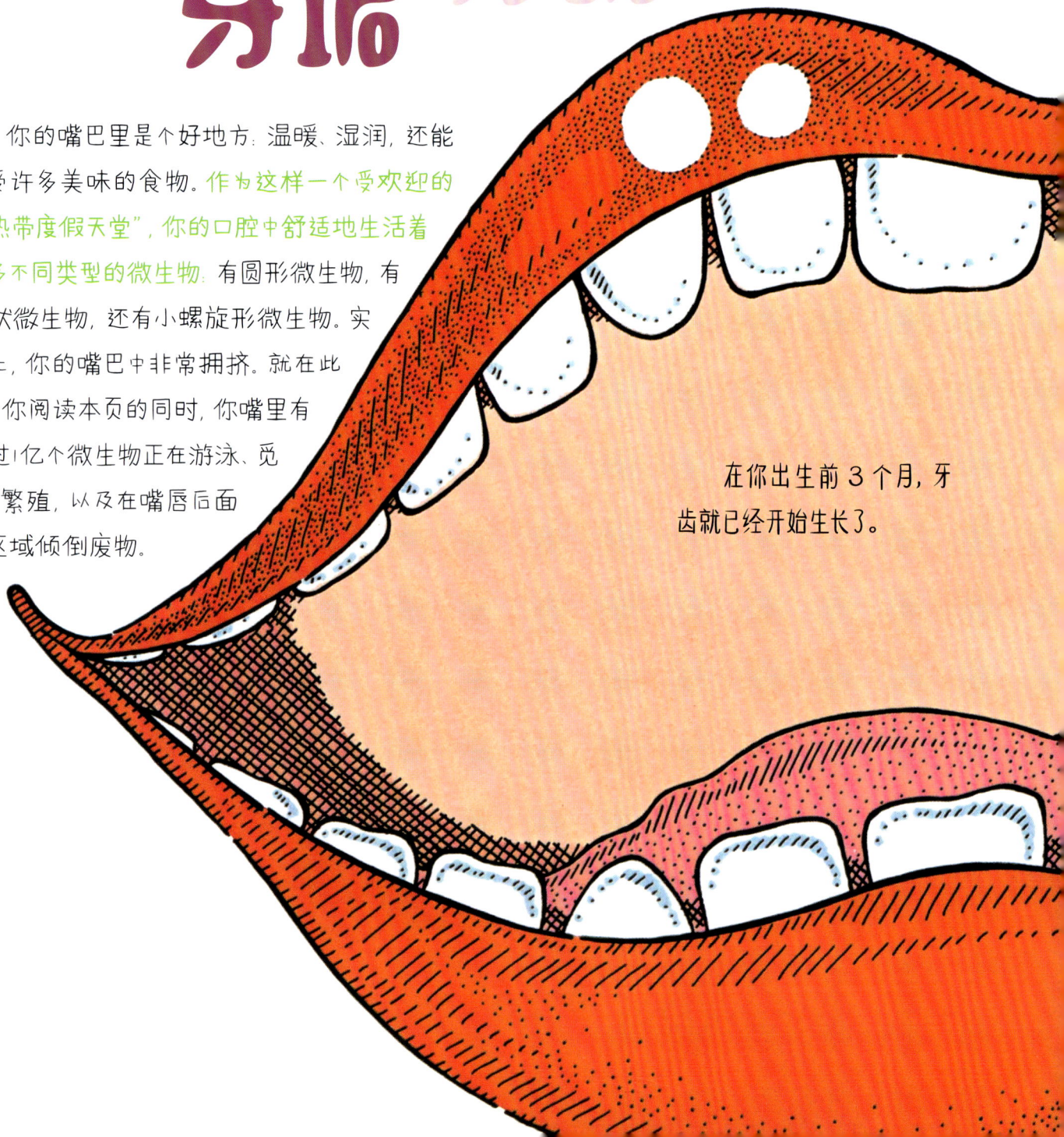

牙垢

仅在口腔中生活的微生物数量就超过了澳大利亚和加拿大的人口总数! 你的嘴巴里并不是无菌的, 它是整个身体中最容易滋生细菌的部位。下一次与别人亲吻时记得这一点!

牙釉质是人体上最坚硬的物质。

下次忘记刷牙时, 想想你的微生物朋友们。你甚至可以告诉妈妈: "嗯, 我只是想让我嘴里那些饥肠辘辘的微生物们饱餐一顿, 它们也需要进食。"如果成功地坚持数天不刷牙, 你可能会发现, 呈珍珠白色的牙齿表面出现了一层黏糊糊的黄色物质。或许, 你还会发现朋友与你讲话时会躲得远远的。

你可以感觉到的浮渣层就是牙菌斑。牙菌斑是食物残渣、死亡的口腔细胞、细菌和细菌废物的混合物。如果用舌头蹭牙齿，你会感觉非常光滑，但牙齿表面其实分布着很多微小的裂缝和凹坑。牙菌斑可以从裂缝和凹坑，以及牙齿之间开始聚集并发展。牙菌斑是肉眼看不见的。

用镜子检查你的牙齿，或者检查别人的牙齿。仔细观察牙齿与牙龈"相遇"的位置。你是否发现某些牙齿根部有黄色或褐色的东西？嘿，等等。我以为牙菌斑是看不见的。确实，你看到的是由许多层牙菌斑硬化形成的牙垢或牙结石。当唾液中的矿物质与黏滑的牙菌斑结合并固着到牙齿上以后，就会形成牙垢。硬化的石质牙菌斑一层层堆

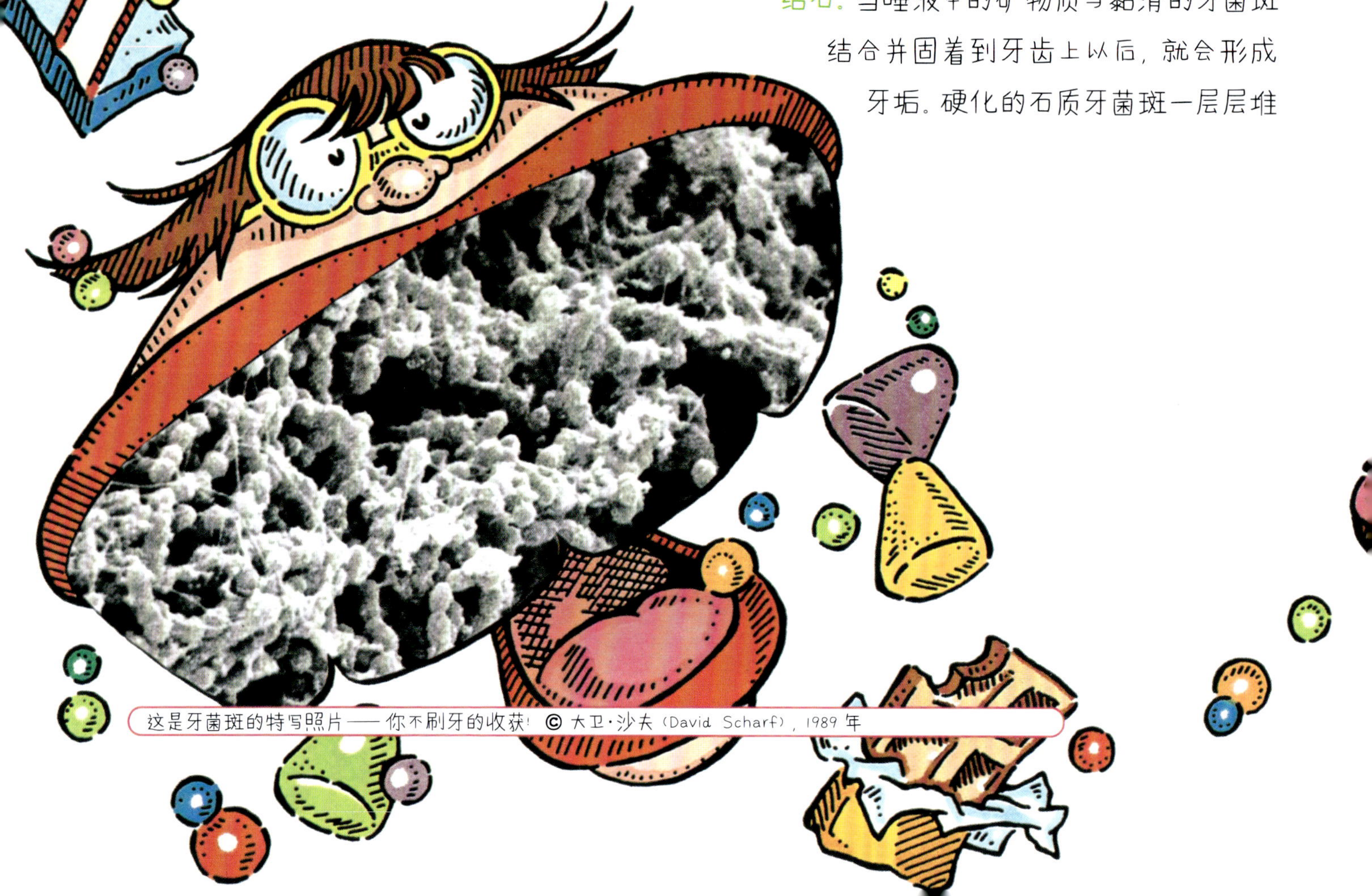

这是牙菌斑的特写照片——你不刷牙的收获！© 大卫·沙夫（David Scharf），1989 年

积，牙齿表面就会出现牙结石。如果不勤刷牙且不使用牙线，牙结石有可能完全遮盖牙齿。因此，如果你想要可爱的黄色牙齿，请坚持不刷牙、不用牙线，并且吃大量的糖果、面包和意大利面。

牙医会通过刮凿牙齿的方式清理牙垢。清理牙垢的方式称为刮牙术。这个名字没什么特别的，但切、挖和刮牙齿上的牙垢就没有那么令人兴奋了。哎哟！哎哟！

1676 年，荷兰一位绸布商人发现了细菌。他就是安东尼·列文虎克，他是最早发现细菌的人。他以制作放大镜为乐。有一天，他决定观察一下牙齿上的牙菌斑，结果发现其中生活着微小生物。当时他真的十分震惊。

牙菌斑检查

你需要： 在某些药店或从牙医处购买的牙菌斑染色剂药片、牙刷、牙膏、水。

步骤： 正常刷牙，不要像在看牙医之前仿佛毁灭罪证似的拼命刷牙。含一口水，微笑着让药剂充分浸润牙齿。看同镜子，微笑。哎呀！牙齿怎么变色了？牙菌斑染色剂粘在牙菌斑上，将没有刷到的地方染上了颜色。希望你喜欢现在这个多彩的微笑，因为这些颜色要持续一段时间——开个玩笑，只需全面刷牙，就可以清理牙菌斑，以及此前未刷到的位置粘上的染色剂，恢复牙齿的洁白。

屁 屁

恶臭、难闻的东西

"嘿！怎么臭臭的？"坐在课堂上专心学习时，你感觉它正在你的肠道深处形成。咕噜！咕噜！对！你知道将要发生什么。于是，你紧闭肛门，但这并不管用。你感觉到了压力，并且让它逃脱了——噗！你做到了，你放屁了。

医护人员使用"排气"这个词来表示放屁。英文的"flatus（排气）"源自拉丁语flatus，表示吹的动作。这个描述似乎很准确。

一位科学家甚至忍着臭味完成了研究——他发现每人每天放屁约14次。有些人放屁的次数略多一些，有些人甚至更多。美国明尼苏达州明尼阿波利斯市的一名男子或许是放屁冠军。这个人曾在24小时内放了141次屁，令人印象深刻！记录你的放屁次数吧！

如果一天内放了14次屁, 那表示你很正常。

如果你能收集从肛门排出的气体, 你可以测量它们有多少。实际上, 已经有科学家完成了此类研究。根据气体测量专家的说法, 人们每天从肛门排出的气体在235毫升到3.8升范围内。

放屁或许很容易, 但屁的形成是一个复杂的过程。被胃消化的食物进入小肠。小肠肠壁吸收其中的矿物质、维生素和其他重要物质, 并将其送入血液。然后, 糊状物离开小肠进入屁制造厂 —— 大肠。

通过放屁赚钱

著名的放屁表演者约瑟夫 · 普约尔是一位法国人, 是19世纪中叶备受争议的法国舞台艺术家。普约尔被称为 "屁王"。他能够用屁声模仿不同的声音。最初, 他利用自己的才能为派对提供娱乐。"嘿, 我们邀请普约尔吧, 他是派对明星。" 长大后, 他把这种表演带到了舞台上。

日本屁王曾在1980年进行了一次电视放屁表演。这位身份不明的屁王通过连续放屁3000次, 以及模仿各种声音和播放歌曲征服了无数听众和观众。真是个人才!

有些食物到达大肠的时候还没有被分解，包括小麦制品、乳制品、卷心菜、苹果、萝卜、西蓝花、洋葱和花椰菜，还有一类神奇的食物 —— 豆类。这些食物未消化的部分多为纤维和某些类型的糖。如果你希望经常"噗噗噗"地放屁，那就多吃富含纤维和不易消化的糖的食物吧。

大肠中生活着数十亿微生物 —— 细菌。大肠杆菌就是一种大肠细菌。未消化的食物是这些肠道微生物的早餐、午餐或晚餐。细菌会分解纤维和其他物质。就像你进食后会产生废物一样，细菌也如此。吃掉你无法利用的食物之后，细菌会在你体内放屁。这些气体在肠道内不断积聚，压力不断增加，最终从肛门排出。所以，你只是这些微生物的废气储存容器。

屁实际上是一种混合物，其中大部分是二氧化碳、氢气和甲烷。这些气体本身没有味道。氢气和甲烷高度易燃，而甲烷既可以作为炉灶燃料，又可以用于燃气供暖。造成屁有臭味的是吲（yǐn）哚（duǒ）、甲基吲哚（粪臭素）和硫化氢。硫化氢具有类似臭鸡蛋的气味。吲哚和甲基吲哚是大便味道的主要来源（人的鼻子可以检测稀释或被水冲淡一百亿分之一的恶心气味）。虽然臭气只占屁的很少一部分，但它们可以让所有人火速逃离现场。

除了释放气体和气味，放屁还经常会发出声音。用嘴，或者把手放在腋下，然后像鸟拍打翅膀一样舞动你的胳膊，可以模仿放屁的声音。屁的声音有很多类型，有噗噗、咝咝、嘶嘶、噗哧等，并且这些也只是众多屁声的一小部分。

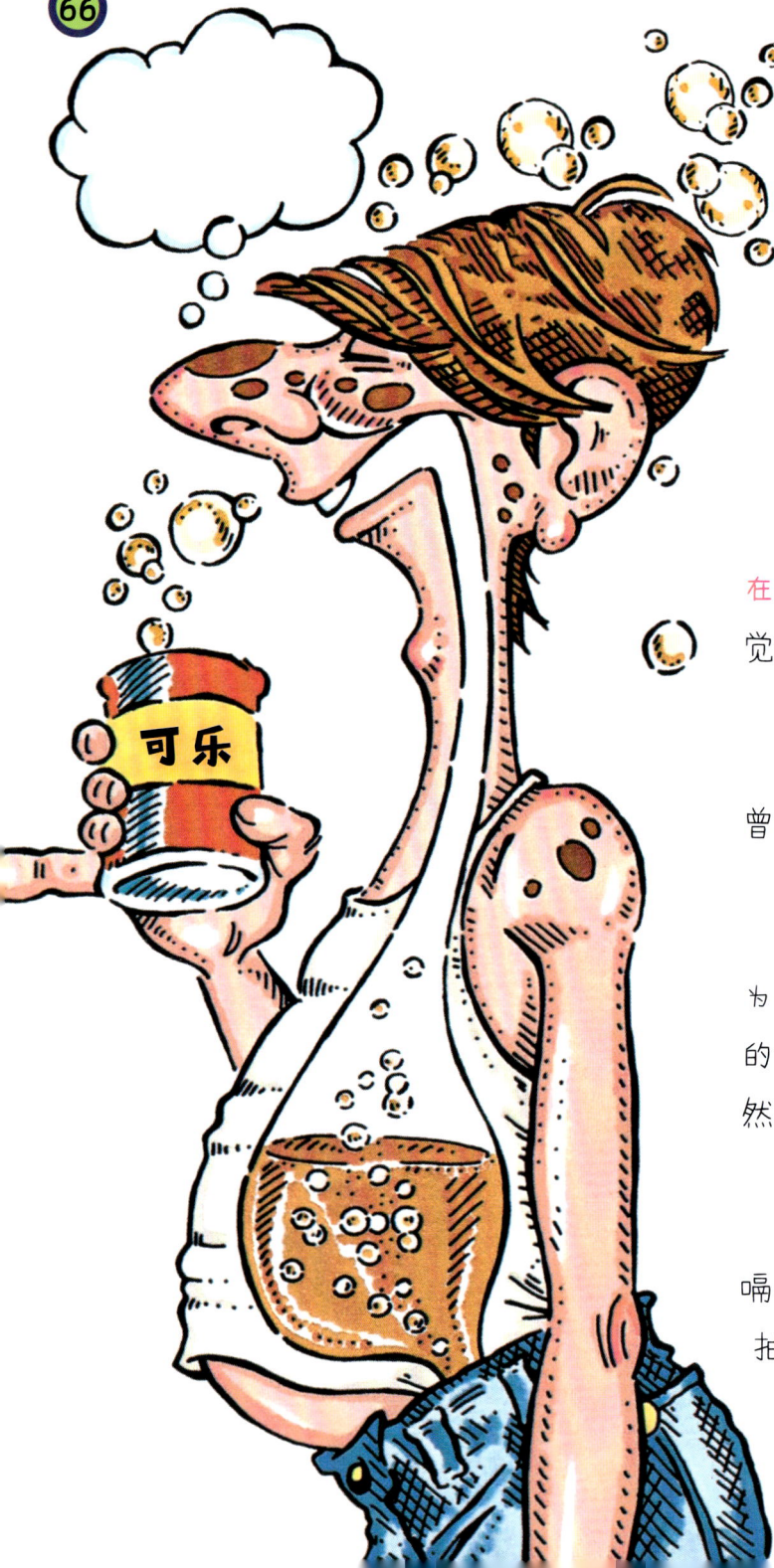

嗝嗝嗝

你和家人刚吃完了一顿大餐，所有人都安静地坐在桌子旁边。突然，"嗝"！你打嗝了。实际上，你感觉还不错，但是你会听到："那很不礼貌，说抱歉。"

在有些国家，例如古罗马和部分中东国家，打嗝曾经或者现在也仍被视为对厨师的称赞。

人们认为打嗝声是在告诉厨师食物非常美味，因为人们吃得比平时多很多。无论打嗝是被视为粗鲁的行为，还是被看作对厨师的称赞，这都是一种十分自然的现象。狗进食后也会打嗝，但它们从不为此烦恼。

每个人都会偶尔打嗝！事实上，有可能你每天打嗝约15次。吃得快了会打嗝，吃东西时说话会打嗝，抽烟或雪茄的人更会经常打嗝。但这没什么：一头牛每天打嗝释放出的气体可以装满两台冰箱。

可乐

打嗝模型

打嗝是胃的动作。胃是一个肌肉囊，一端通过食管与喉咙连接，另一端则与小肠相通。胃里总是有少量空气，胃泡位于胃的上半部。

胃如同一个气球。食物、液体和空气进入胃后会让胃扩张。人们进食或喝水的同时，空气也会随之进入，从而增加胃中的气体含量。在胃消化食物的过程中，会分泌酸性胃液，并产生气体。所以，胃部会逐渐积聚更多的气体。**如果积聚的气体太多，胃部的压力会增大，进而迫使气体逸出以释放压力——嗝！**

如果在打嗝时闭紧嘴巴，你的鼻子将代替嘴巴打嗝。不过，这还是打嗝吗？

美味的嗝源自进入胃部的某些食物。打嗝时排出口腔的气体带有味道。或许你曾被陌生人打嗝排出的各种温度和味道的气体冲击，例如大蒜嗝、洋葱嗝、啤酒嗝、呕吐嗝和熏肠嗝。有时，陌生人打的嗝甚至带有臭味。**分享嗝气散发出的味道真的再"好"不过了。**

你需要：醋、小苏打、中或大气球、漏斗。

步骤：如果选在水槽上方进行实验，你可以显著减少实验结束后的清理工作。气球代表你的胃，将少量醋倒入气球，使用漏斗将小苏打添加到气球中。用手指捏住气球的气嘴（食管）。看着气球（胃）充气膨胀。松开气球嘴（食管）以释放气体，即打嗝。用次捏紧和松开气球嘴，看看如何让嗝模型听起来像真正在打嗝。

狐臭和汗

狐臭和汗

当你乘坐公交车时，是不是刚上车包括司机在内的所有人都会匆忙下车？你的家人是不是都住在不同的房间甚至不同的房子里？你是不是更多地与狗一起出去玩，而不是和其他人？你知道吗？这一切或许因为你有狐臭——一种体味。好吧，也许上述描述过于夸张了。但是，美国人确实非常排斥体臭。每年，美国人要花费超过5.4亿美元来应对体臭问题。

除了嘴唇和生殖部位，你的身体表面布满了汗腺——微小的汗水生产者。例如，手掌上邮票大小的区域就有超过2 000个汗腺。实际上，相比身体其他部位，手掌和脚底分布着更多的汗腺。汗腺通过皮肤表面的小口或毛孔渗出大量汗液，平均每天多达约1.1升。嘿，等等。人们不会在手掌喷除臭剂，而我也确定我的手掌不臭。实际上，汗水分为两类，一类不那么臭，而另一类的味道真的很难闻。

寻找新的职业？体臭检查员怎么样？© 路易·赛欧亚斯·美奇丝（Louis Psihoyas Matrix）

狐臭和汗

难闻的汗水大多来自腋窝，以及裆部、肛门和（少量）头皮的汗腺。大约12岁之前，这些汗腺几乎不会分泌汗液。到了12岁左右，这些部位的汗腺将开始工作，并且从此再不停歇。这就是成年人有体味而孩子们没有的原因。成人的汗水是一种从毛孔渗出的黏黏的液体。汗水的气味有点类似于氨水清洁液，但人们几乎闻不到。嘿，再等一下，我可不想到处去闻别人的腋窝。人们都知道，腋窝总是散发着腐臭、令人恶心的味道。其实黏稠的汗水在滋生细菌之前没有太大的味道。与不那么臭的汗水不同，难闻的汗水中有细菌喜欢的食物。长着绒毛的圆形腋窝细菌是汗液发臭的原因。

狗身上的汗腺较少，因此它们会把舌头伸出来排汗。猫的汗腺主要集中于脚底的软垫中。

这里就是除臭剂的用武之地。为了消除令人不适的味道，除臭剂含有抑制臭味细菌的化学物质。涂抹含有化学物质的药物可以消灭大部分附在腋毛或皮肤表面的微生物。有些细菌隐藏在毛发根部或从腋窝掉落到身体的其他部位，摆脱了除臭剂的攻击。等除臭剂失效后这些细菌返回腋窝，再次开始进食和繁殖，直至下一次除臭剂或香皂和水的攻击到来。

产生气味的细菌不太喜欢其他类型的汗水。从体表数以百万计的其他毛孔分泌出的汗液实际上是非常淡的尿液（你没看错，是尿液），并且融合了其他一些物质。同小便一样，汗液是水、盐和尿素的混合物。此外，汗液还包括一种与黄蜂毒相同的化学物质，以及另一种类似臭鼬臭液的化学物质。

中世纪的人们不喜欢洗澡，他们认为不洗澡才是富有的标志。许多有钱人以从不接触洗澡水为荣。一位英国人曾坚持13年不洗澡。然而，不洗澡并不能阻止人们出汗，因此发臭在所难免。为了掩盖体臭，人们使用了大量的香水、香精和香料。那是一个全民发臭的时代。

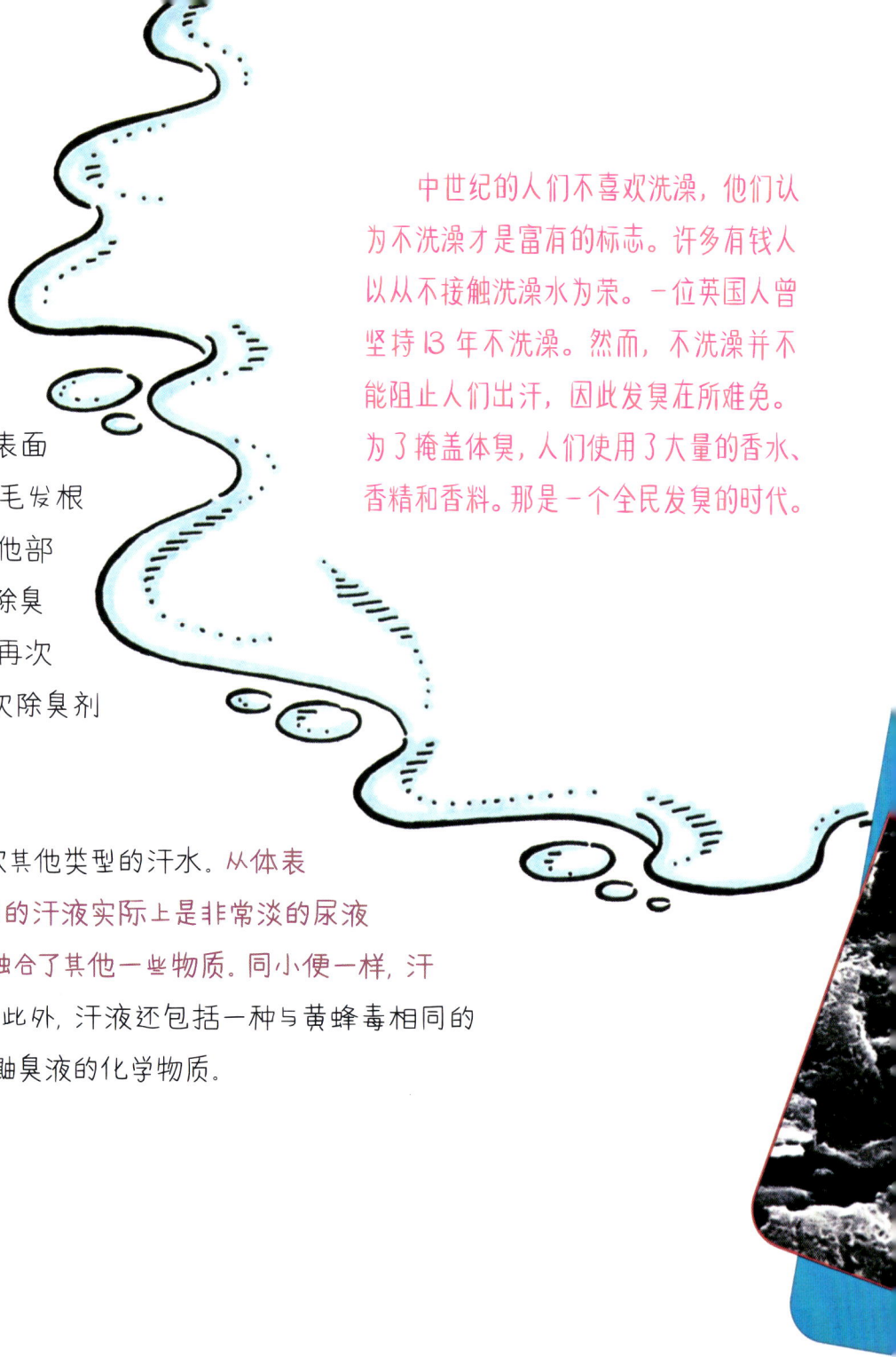

出汗非常重要，可以帮助你的身体调节体温。在你运动的时候，或者室外温度超过30℃，或者你真的非常紧张时，你的身体空调就会启动。覆盖皮肤表面的汗水可以帮助身体降温，因为水蒸发时能够吸收热量。盐和尿素将留下来，所以出汗后你的皮肤尝起来是咸的。同样，这也是你出汗后感到浑身黏腻的原因。

降温

你需要： 棉签、酒精、你的前臂、你的呼吸。

步骤： 用棉签蘸取酒精，然后擦拭你的前臂。用嘴吹前臂被酒精擦拭的部位。你有什么感觉？当汗液中的水蒸发（变成气体）时会带走热量。酒精比水的蒸发速度更快，因此你可以立即感受到汗液中的水蒸发的效果。

这是一座火山吗？不，这是某人拇指汗腺的开口。© 托尼·布雷恩（Tony Brain）博士/Scieuce Photo Library

口臭

"准备好，一、二、三! 深吸一口气，憋气，呼气。"你每分钟呼吸约12次。如果手边有计算器，你可以计算你一年、一生需要呼吸多少次。人们每次呼吸会吸入大约0.5升的空气。同时，会从肺里呼出相同体积的废气。

每天，你身边的每个人都需要呼吸数百次。大多数时候，人们不会注意他人的呼吸，直到你发现附近某人有口臭。然后，他/她的每次呼吸、每说出一个字（更别提咳嗽了）都是一个"恶意"的提醒：你正在与周围的人共享空气。为了自己着想，或许你可以为口气难闻的人提供一块或者一整包薄荷糖。

几乎每个人都会偶尔出现口臭。我? 从来没有! 如果你不认为你有口臭，回想一下每天清晨醒来时嘴里的味道。令人欣慰的是，早晨的口腔异味或口臭只是暂时的。阅读关于牙垢的章节，在该章中，你可以了解到你的嘴里生活着大量被称为细菌的微生物。白天，你

嗅 口臭

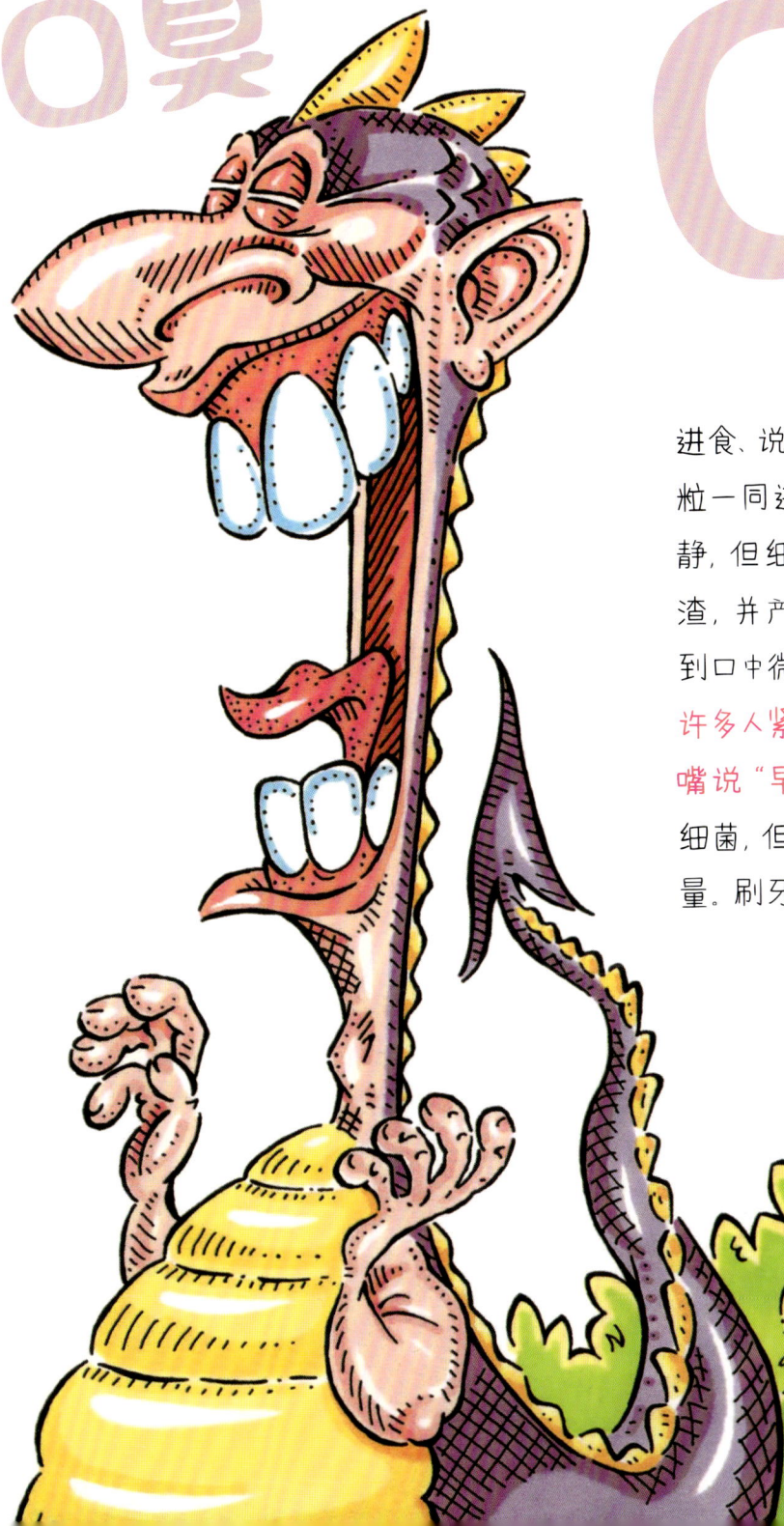

进食、说话、喝水，而这些小生物会随食物颗粒一同进入胃中；睡觉时，你的嘴巴会保持安静，但细菌却开始享受饕餮盛宴——食物残渣，并产生废物。早晨醒来时，你会尝到并闻到口中微生物狂欢留下的"狼藉"。每天早晨，许多人紧闭嘴巴，冲到浴室漱口，然后才张开嘴说"早上好"。虽然漱口水可以清理大部分细菌，但细菌能够在数小时内恢复到原来的数量。刷牙是"治理"清晨口臭的最佳方法。

洋葱、大蒜都可以让你的口气变得与众不同。同样，药店的漱口水对此也不起作用。洋葱和大蒜的味道甚至不是来自口腔，而是来自肺部。我们都知道，晚餐吃的意大利面最终会进入胃部，而不是肺。食物经过胃的消化之后进入肠道（小肠），而大多数营养物质通过肠壁进入血液。洋葱和大蒜的臭味细胞以这种方式进入血液。当携带洋葱或大蒜味道的血液到达肺部后，你呼出的气体就带有相同的味道了。不吃大蒜和洋葱是唯一的解决方法，吃薄荷糖并不管用。或者，你可以找一群吃了相同晚餐的人，然后等待味道消散。

吸烟者总会与口臭相伴，因为烟雾会污染肺部。即使现在没有吸烟，清新的空气也会与肺部堆积的垃圾掺杂在一起。分辨吸烟者的方法十分简单，因为他们呼出的空气总会伴随着烟味。

正常呼吸时，人呼出空气的速度大约是每小时 6.4 千米；打喷嚏时，呼出空气的速度可以达到每小时 64 千米。

慢性口臭患者呼出的是另一种臭味。即使吃大量的薄荷糖，大量地使用漱口水，每天刷100次牙，从不吃洋葱，慢性口臭患者也难以避免口臭。鼻窦感染、过敏、腐烂的牙齿、患病的牙龈和消化问题只是导致口臭的部分原因。使用漱口水并非治疗方法，请向牙医寻求帮助。

对口臭的恐惧引发了许多人的过分担忧，实际上不必如此。放松自己，早晚刷牙，然后询问一位好朋友，确定你的口气有没有改善。

你的每一次呼吸

你需要： 一个计算器。

步骤： 你每分钟大约呼吸12次。要计算1小时的呼吸次数，用12乘以60。现在，用这个数字乘以24，你可以得出一天的呼吸次数。再将答案乘以365，计算得出的是一年的呼吸次数。要计算已经完成的呼吸次数，用一年的呼吸次数乘以你的年龄。要确定你已经吸入的空气量，选择一段时间内的呼吸次数值并乘以0.5，或除以2。根据此前的正确计算结果，每个年或此前的空气体积。下一天，你可以确定每分钟、每小时、每一次前往超市的饮料区时，你可以数出1小时内你呼吸的空气，能够装满多少个饮料瓶。

脚臭

脚臭

或许，你认识的某些人，他们只需脱下鞋子就能让其他人退避三舍。实际上，谁的脚都不可能天然散发出类似玫瑰的香味。我们的脚都曾经产生过这样或那样的臭味，而这并不单单是脚的原因。想一想，狗、猫、兔子、豚鼠和金丝雀都没有脚臭的问题。如果只穿凉鞋或者根本不穿鞋子，那么脚基本不会有臭味。导致脚臭的真正罪魁祸首是鞋和袜子。

脚会出很多汗。脚底分布着约25万个毛孔，每天可以产生约1/4杯汗液。单论汗腺数量，手掌是人身体中唯一可以与脚底相比的部位。但是，手并不会发臭，因为手掌上的汗液被蒸发了。

我打赌，你的一只脚比另一只脚大。

但是，脚只能"泡"在它们产生的汗液中——因为你穿的鞋可能不透气，所以脚必须忍受潮湿的袜子。实际上，脚底产生的汗水并不臭。是的，没错！我曾经闻过我的运动鞋。汗没有臭味，但细菌和真菌会吞食死皮细胞和汗液，为你的脚增添巨大的味道。"闻闻我的脚。"

细菌遍布人体（内部也不例外），但不会引发任何问题。甚至，在不注意的情况下，人们都会接触到细菌或真菌，但也会继续正常生活。不过，如果微小的细菌和真菌找到了一个温暖、潮湿的适合的环境，而且得到了丰富的"食物"供应，它们就会开始大规模繁殖。脚趾之间就是一个完美的地方。"嘿，这儿真是一个繁衍生息的好地方。"脚趾间生活的小生物越多，脚的气味就越大。

如果你的脚很臭，试试这个方法：
在脚底涂抹止汗剂。这种药物可以抑制排汗。

每天洗脚，然后彻底干燥双脚，特别是脚趾之间。然后喷洒药物。

每年，美国佛蒙特州蒙彼利埃都会举办"全美臭鞋大赛"。人们穿着又脏又旧而且非常非常臭的运动鞋聚集于此。比赛的获胜者将获得一双新运动鞋和一罐爽足粉。

爽足粉

啊！新鲜空气。

有些人的脚会散发出非常大的气味，所以他们需要前往医院或接受足疗师的治疗。

听起来很不错

如果你无法忍受双脚散发出的气味，那就坚持每天洗脚并且使用爽足粉，臭味就会消失，你的脚也会变得光滑。

怎么样?
是不是觉得很恶心?

脏脏的科学

身体里的脏东西

[美]西尔维娅·布兰茹 著
[美]杰弗·基利 绘

陈彦坤 马巍 译

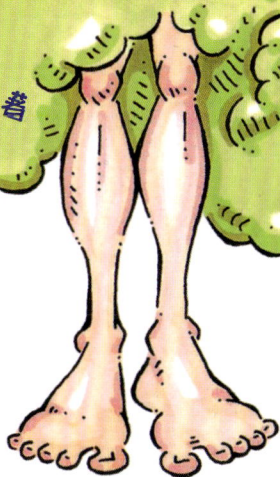

电子工业出版社·
Publishing House of Electronics Industry
北京·BEIJING

本书中文简体版专有出版权由Penguin Workshop授予电子工业出版社，未经许可，不得以任何方式复制或抄袭本书的任何部分。

版权贸易合同登记号　图字：01-2020-2354

图书在版编目（CIP）数据

脏脏的科学. 身体里的脏东西 /（美）西尔维娅·布
兰茨（Sylvia Branzei）著；（美）杰克·基利
（Jack Keely）绘；陈彦坤，马巍译. --北京：电子工
业出版社，2021.11
ISBN 978-7-121-41861-7

Ⅰ.①脏… Ⅱ.①西… ②杰… ③陈… ④马… Ⅲ.
①科学知识－儿童读物 Ⅳ.①Z228.1

中国版本图书馆CIP数据核字（2021）第171227号

责任编辑：张莉莉　特约编辑：刘红涛
印　　刷：北京利丰雅高长城印刷有限公司
装　　订：北京利丰雅高长城印刷有限公司
出版发行：电子工业出版社
　　　　　北京市海淀区万寿路173信箱　邮编：100036
开　　本：889×1194　1/12　印张：20　字数：272.25千字
版　　次：2021年11月第1版
印　　次：2021年11月第1次印刷
定　　价：180.00元（全3册）

凡所购买电子工业出版社图书有缺损问题，请向购买书店调换。若书店售缺，请与本社发行部联系，联系及邮购电话：（010）88254888，88258888。

质量投诉请发邮件至zlts@phei.com.cn，盗版侵权举报请发邮件至dbqq@phei.com.cn。

本书咨询联系方式：（010）88254161转1835，zhanglili@phei.com.cn。

温馨提示：
书中的小实验请
在家长的帮助或
指导下进行。

目录

脏脏序言

"脏"源于旁观者的认知。

通常，我们看到他人时都不会引发我们的反感，隔壁鼻涕连天的孩子可能是个例外。所以，大多数人在大部分时间都是我们眼中的正常人——因为我们习惯了这种表面覆盖皮肤和少量毛发的有两只眼睛的生物。如果看到某人浑身鲜血淋漓地走在街上，没有皮肤遮掩的肌肉裸露在外，你可能会感到极度不适甚至恶心。但是，如果街上所有的人都身着"肌肉装"，"皮肤"可能就会变成奇装异服。静脉、骨架或内脏的"装扮"同样如此。现在，我们的目光只会落在包裹身体的皮肤上，很难认同黏稠、滑腻且湿乎乎、臭烘烘的内部。

这种感觉并不愉快。

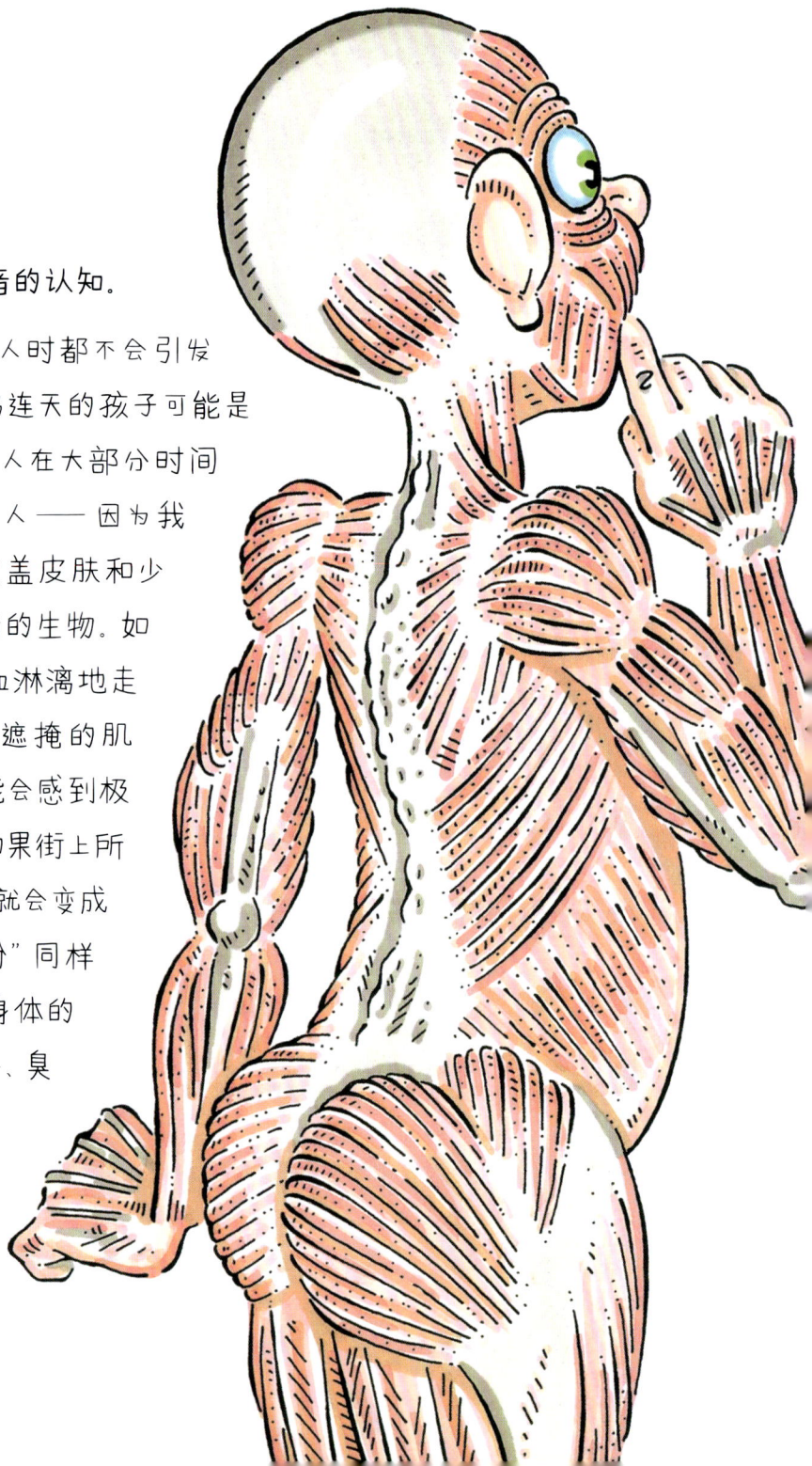

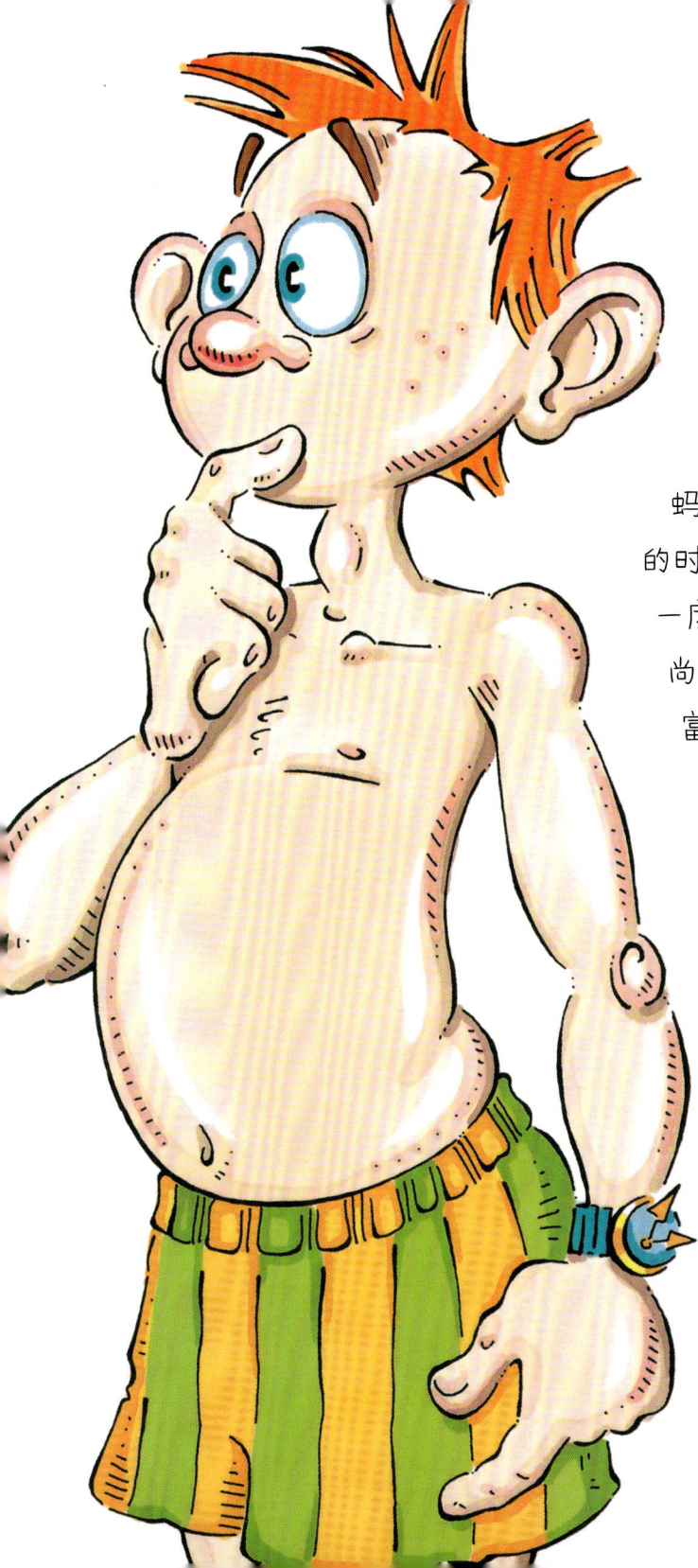

真脏！不，脏是相对的。什么是脏？一个人认为脏的事物对另一个人来说可能是美好的。油炸蚂蚱是澳大利亚、非洲、日本及亚洲其他很多国家和地区广受欢迎的一种美食，如同炸花生一样酥脆。所以，只要喜欢的人多，油炸蚂蚱就不会显得那么奇怪。对于喜欢油炸蚂蚱的人来说，热狗或许难以下咽。就像人们追求的时尚，不同时代的时尚截然不同。中世纪的欧洲人一度认为洗澡不利于健康。当时，洗澡是一种反时尚的行为。不洗澡被视为富有和安逸的标志。有些富人甚至以自己从未洗过澡为荣。呃，**这得有多么大的味道！** 现在，流行的风向已经完全转变：当代人不仅要洗澡，还要防臭，并且喷洒香水。体味已经被时尚抛弃。

所以，在本书中你可能会读到一些完全不讨人喜欢的事物。但是，当你告诉你的家人时，他或她可能会反问："哪儿脏了？"还有，有些东西你觉得没那么糟糕，但你的表姐完全不敢看那一页的内容。这就是"脏脏的科学"的乐趣。每个人都有一套自己的标准，你永远不知道哪些事物会触动谁的神经。

6

黏糊糊、滑溜溜的东西

血液

想象一下，一个盛满温暖**血液**的碗。

它看起来是什么样子的？你可能看到一碗红色的液体。它闻起来怎么样？血液有独特的气味。把勺子放入碗中，舀起一勺血液。感觉怎么样？黏稠的液体，有点儿类似西红柿汤？哎呀，我的嘴唇从来没有沾过血。恶心！

但是，你真的从来没吃过血液制品吗？

你确定吗？

有人吃过血肠吗？血肠是一些欧洲人非常喜欢的食物。这种食物以猪血或牛血为原料，加糖烘烤而成。听起来很可怕？嘿，在你尝试之前请勿轻易下结论。有人吃过黑面包吗？将面包浸入血液，然后煎炸，即可制得这种美味。当然，如果厨师意外将面包炸过了头，它可能变得有点儿奇怪，味道类似血痂。呃！

你吃过土豆肉汤吗？嗯，好吃。如果你喜欢土豆肉汤，那么你肯定吃过血液制品。不，不是土豆，而是肉汤。因为烹制肉汤的秘方写道："取适量肉汁，加入面粉，加热并搅拌至浓稠。""肉汁"实际上是动物血液和融化脂肪的混合物。所以，肉汤是烹制过的血液。如果你在餐厅点过半熟牛排，那么你必然也品尝过血液。

如果你体重45千克，你的身体里流淌着大约 3.5 千克重的血液。

美味。

想象你面前有一碗血，你的脑海中可能会浮现出一种红色的液体。实际上，红色的血液细胞（红细胞）仅占血液的不到一半。

血液其余的成分是白细胞、血小板和血浆。红细胞非常小，7000个红细胞叠起来也不及一分硬币的厚度。一茶匙血液包含约250亿个红细胞，超过了这个星球上的人口总数量。一个成年人全身的血液能够装满大约13个装汽水的易拉罐，而红细胞的数量更是超过了地球上曾经生活过的所有人口的总和。

血比水稠，同样也比水重。

氧气

红细胞的红色源于血红蛋白（Hemoglobin）。Hemo来自希腊语，意思是"血液"。血红蛋白含有铁元素，与制造炮弹和煎锅的金属铁的分子式相同。不过，血液中的铁含量极少，所以不必担心你会因此不堪重负。当铁遇到氧气时会产生红铁锈。血液中的铁同样如此。血液中的铁与氧气结合后也会变红。血红蛋白在身体内四处游荡，用人体需要的氧气替换二氧化碳（人体产生的废物）。可以了解一下"废物回收系统"。

完成氧气输送任务之后，红细胞的颜色将会改变，变得更偏紫色。静脉中流淌的血液看起来是蓝色或紫色的，因为其中的红细胞没有携带氧气——这是无"铁锈"的血液。

在体内完成大约10万次旅行后，红细胞将老化。红细胞一般只能存活两个月左右，因为红细胞在血管内流动时难免互相碰撞和摩擦。所以，血液细胞也需要更新。人体将自动处理废弃的红细胞或将其用来制造新的红细胞。红细胞非常重要，因此我们的身体需要不断地制造新的红细胞。制造红细胞的造血工厂位于骨骼内部，例如，手臂、腿部、胸部、臀部和背部的骨骼。造血工厂永远不会歇业。成年人体内每秒产生大约200万个新的红细胞！所以骨骼并不仅仅用来支撑我们的肌肉。

造血工厂

过去，人们认为"坏血"是引发大多数疾病的原因。因此，为了治愈疾病，医生会割开病人的血管，以排出坏血

快问快答！白细胞是什么颜色的?

白色？正确。如果红细胞是身体的输送和循环系统，那么白细胞（白血球）就是士兵。我们的体内有装备精良的军队。这是一件好事，因为我们的身体总是会受到各类攻击：**细菌、真菌、病毒、污染物和污垢等**，不胜枚举。这些只是白细胞遭遇的部分敌人。因为我们的身体遭受到的攻击五花八门，因此白细胞也形成了不同的类型。**吞噬细胞**是一种白细胞。顾名思义，**吞噬细胞可以吞噬入侵者**，可以像移动的水滴一样透过血管壁发起攻击。但是，吞噬细胞的食量有限，吞食过多异物之后将产生毒性。不过，它们会在产生毒性之前死亡。基本上，吞噬细胞会一直吞食异物直到死亡。

相比吞噬细胞，巨噬细胞的体形很大，并且胃口巨大。巨噬细胞是战场"清扫员"，可以吞噬体内被杀死的细菌、死亡的细胞及碎片。此外，人体内还有另一道防线——如同特种部队一样的细胞。这些细胞被称为**杀伤细胞**，可以主动搜寻并摧毁入侵者。最重要的是它们能记住每一次袭击，并制造特殊蛋白质来对抗入侵者。这就是我们不会第二次得腮腺炎或水痘的原因。然而，我们几乎无法避免感染流感，因为每一波流感都源于新病毒的爆发。如果接触到旧的流感病毒，我们的身体可以自动制造特殊的蛋白质来应对这些病毒，并且不会引发身体不适。

面对小的切口或伤口，我们的身体可以照顾自己。通常，我们的身体需要大约4~8分钟才能止血。然后，血液将凝固并覆盖伤口。**封闭伤口的工作由修理细胞——血小板来完成**。血小板随血液一同流动，但在面对伤口时会发生变化：血小板将变得黏稠进而结块，堵住伤口，阻止血液流出。你有没有触碰过几分钟之后的伤口？血液变得如同果冻一样厚实且黏稠。**黏糊糊的是血液凝块**，而黏性源于其中纵横交错的线网。血液凝块的表面干燥后将形成痂。

在英格兰，"bloody"是一个不好的词。

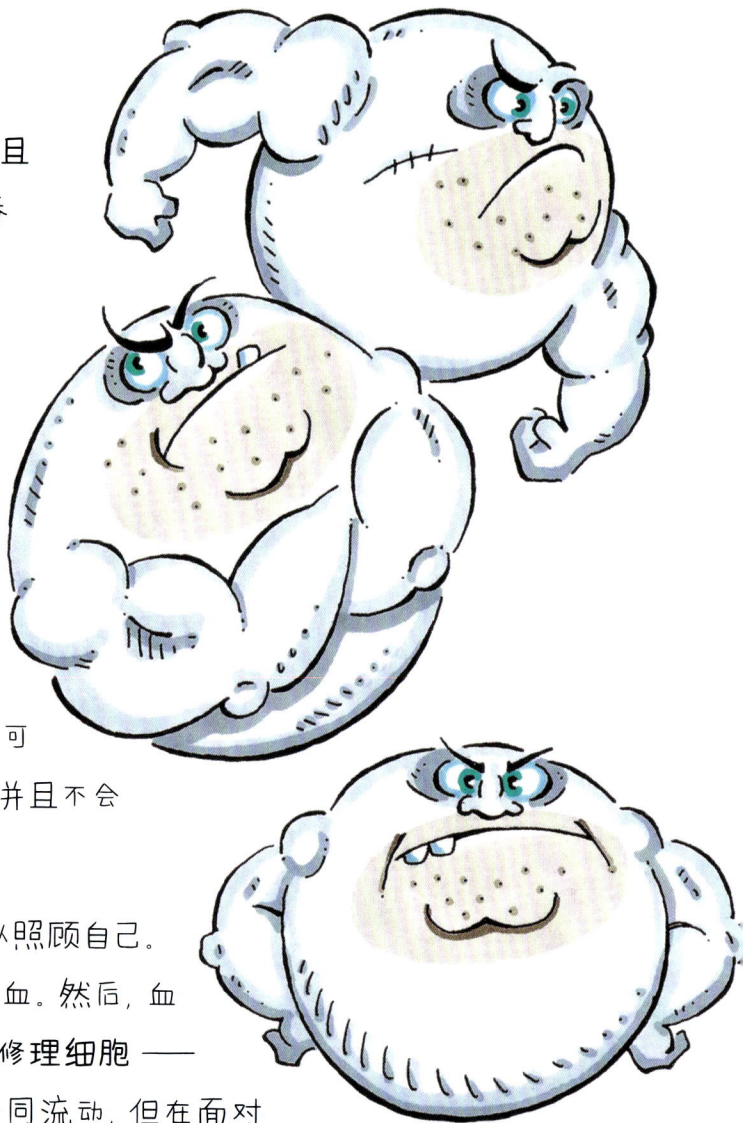

假血

你需要: 玉米粉、红色食用色素、可可粉、玉米糖浆（用于烹饪而非制作煎饼的玉米糖浆）、水、碗、勺、茶匙和量杯。

步骤: 在碗中放入1/4勺玉米糖浆和2茶匙水,搅拌均匀。

加入4滴红色食用色素,搅拌均匀。

在混合物中加入2茶匙玉米粉和1/2茶匙可可粉。

注意,一定要搅拌得非常均匀。

穿上一件你不喜欢的或将要扔掉的旧衣服（"血"会弄脏你的衣服）。

让"血"从嘴角滴落。或者,更好的办法是,喝下一部分"血",但不要咽下去(这些材料无害,但味道可能不会太好)。

找一个毫无戒心的人（例如你的弟弟或妹妹）,然后说:"我要吸你的血。"

血液细胞漂浮在**血浆**中随着血浆流动。血浆是一种黄色的液体,主要由水构成,但也含有脂肪、糖、盐、气体、白蛋白(鸡蛋的蛋白中也有白蛋白)及尿素(尿的成分之一)等。因此,一茶匙的血液里包含250亿个红细胞、3500万个白细胞和10亿个血小板。所有这些细胞都漂浮在血浆中。

脓

脓就是科学名称。

脓没有其他说法。脓是脏的、臭的，令人厌恶。脓意味着感染，甚至"脓"这个字的发音听起来就像含着一口脓一样。是否很美味？

脓经常与血液相伴。没有血液就没有脓。如果读了前面关于血液的内容，你应该了解了血液的重要性。人类离不开血液。**脓是细菌侵入人体带来的副产品。**细菌喜欢在温暖的环境中生活繁衍。人体内部是一个理想的场所，细菌很容易获得食物，并且温度恒定。唯一的问题在于我们的身体并不喜欢外来的细菌，所以白细胞部队将发出消灭这些"入侵者"的指令。

被称为吞噬细胞的白细胞只喜欢吞食细菌、污垢和死亡的液态身体组织。

吞噬就是这些细胞存在的目的。

它们吃啊吃啊，直到死亡。

更多的吞噬细胞到达"战场"，不断地吞食细菌、污垢、无用的组织和死亡的"战友"。死亡物质持续堆积，形成发黄、发绿且发白的脓。所有这些微小的死亡物质也是脓带有臭味的原因。

最终，白细胞赢得了战斗，把体内的脓液清理一空，一切恢复正常。万岁！但是，可能身体偶尔也需要一些帮助才能战胜"敌人"。例如，抗生素能够杀死细菌，帮助身体更快地治愈感染。

只有一点点脓是没有什么问题的。聚集在身体某个部位的少量脓液称为脓包（是不是很可爱）。有时，青春痘也可能被感染——丘疹的白尖变得有点儿发黄。

是的，青春痘与细菌混合后会形成脓。或者，称青春痘为脓包更准确。

脓肿——另一个"可爱"的词汇。

听起来，脓肿似乎也少不了脓液。事实上，确实如此。

脓液在特定部位聚集将形成脓肿，可以说**脓肿是一个脓液池**。

有时，脓肿里的脓液会来到皮肤表面，有时则会流向身体的其他部位。脓液池几乎可以出现在任何地方，包括耳朵、屁股、大脑或肠道等部位，但最常见于牙根部。或许你需要去看牙医，拔掉有脓肿的牙齿，或者取出牙髓。牙医称之为根管治疗术。在成年人面前提起根管治疗术经常会引发战栗和皱起眉头。根管治疗术称不上有趣，对某些人来说甚至可能是痛苦的，而充满脓液的牙根部同样让人谈之变色。

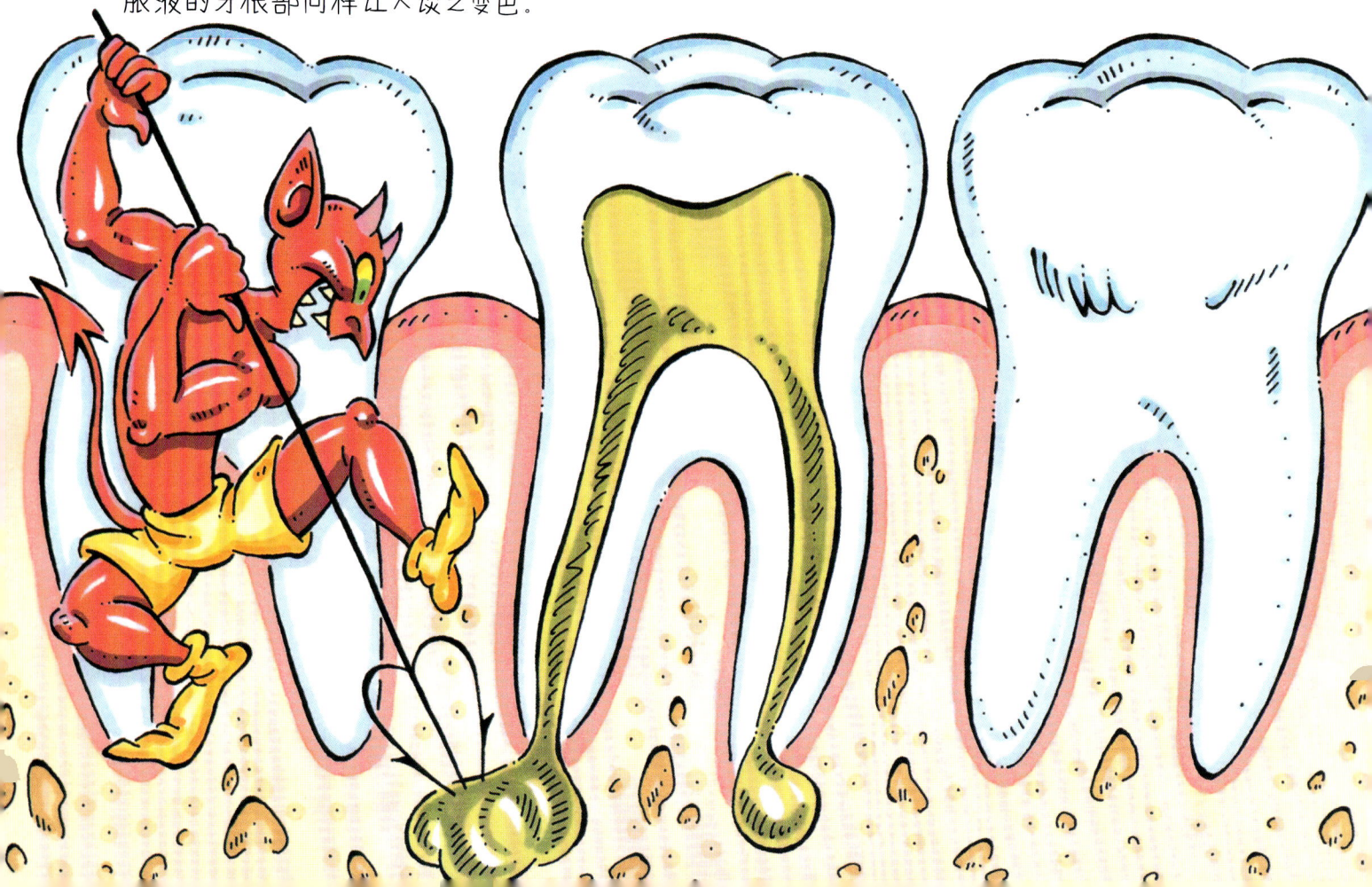

蛆喜欢腐烂的肉。在抗生素面世之前，医生有时会用蛆来清理充满脓液的伤口。咔嚓，咔嚓，伤口变得干干净净了！

脓液进一步堆积将形成疖（jiē）。疖是皮肤下方被困的脓液形成的脓疱。疖通常为球形。但是，千万不要挤压疖。疖内活的细菌可以传播给他人，甚至可能进入血液。有时，疖会自己爆裂，这是好事。

你需要清理从疖里流出的脓液。如果疖变大、变红，而且你有发热的症状，那么你必须去看医生。医生可以完成你一直想做的工作，就是切开或破坏充满脓液的疖，排出脓液。

喷嚏

阿嚏！

"上帝保佑。"

在中世纪，西方人认为打喷嚏时灵魂将离开身体在外徘徊一会儿。如果魔鬼就在附近，灵魂可能会被抢走，再也无法返回身体。然而，如果有人说一句"上帝保佑"，你的灵魂将安全返回你的身体。

这种迷信的说法可能听起来很神奇，但我们打喷嚏时真的会发生恐怖的事情。

打喷嚏时，口腔和鼻腔将喷射出数以百万计的鼻涕沫，而且这些飞沫飞行的速度甚至超过了赛马的奔跑速度。鼻涕沫在空中飘浮，散落在你周围所有事物的表面，并被附近的人吸入体内。不过，这并非真正糟糕的事情，因为鼻涕主要由水、盐和蛋白质组成。沐浴"鼻涕雨"不是一个让人感觉愉快的经历。但是，如果打喷嚏的人得了感冒或流感，事情会变得更糟。

病号打出的喷嚏会让你的身体沾满鼻涕黏液和病毒，进而可能让你生病。实际上，相比呼吸充满了鼻涕沫的空气，医生认为病从口入的概率更高。随喷嚏喷出的飞沫落在你的手上，之后你正好将一块口香糖塞入口中。这块沾着喷嚏沫和细菌的口香糖就是致病源。

鼻涕火箭

神奇的"鼻涕火箭"实际上源于被人们称为纤毛的细小毛发。这些毛发如同一个个黏液自动扶梯，可以将脏脏的鼻涕转移到喉咙后部。纤毛的数量非常多，而且也十分敏感，受到干扰时会刺激神经，神经进而刺激大脑的喷嚏控制中心。大脑释放信号，要我们停止正常呼吸，吸入空气，用舌头堵住口腔，将空气和鼻涕通过鼻孔喷出，并迅速放松舌头，以便在鼻孔进行"口腔喷射"。喷射的气流能够将纤毛上的所有附着物带走。

关于喷嚏的超级迷信

打一个喷嚏，许个心愿。

打两个喷嚏，你将得到一个吻。

打三个喷嚏，你可能难免失望。

打四个喷嚏，你会收到远方来信。

打五个喷嚏，你将得到新物品。

打六个喷嚏，请期待一场旅行。

早餐前打喷嚏，你睡前将得到陪伴。

早餐前打三个喷嚏，会有不好的运气。

打喷嚏时，你永远不会睁着眼睛。(这句是真的)

任何刺激鼻子的事物都可能让人打喷嚏，例如辣椒、灰尘、花粉、冷空气、宠物毛发、烟雾甚至强光。强光？是的，100人中大约有两人会因为看到明亮的光线而打喷嚏。有些人还会因为拔眉毛、梳理头发甚至吃得太多而打喷嚏。

"真是一顿美餐……"

阿嚏！

有人说我们可以阻止打喷嚏。不，不要试着堵住鼻子。这会导致非常糟糕的结果。相反，可以用手指按压上唇和鼻子的中线位置（人中）。

Sternutation 可以表示打喷嚏的动作，也可以表示打喷嚏的行为。不过，sternutator 表示引发打喷嚏的事物或原因，而非打喷嚏的人或动物。

虽然许多时候人们打喷嚏喷射出的飞沫并没有携带细菌，但打喷嚏时最好遮挡住口鼻。如果你感冒了，你要考虑怎样可以安全地打喷嚏，这时候要用手肘遮挡口鼻，而不是用手。这样，你就不会因为与校长握手而传播携带细菌的鼻涕。不过，这样安全地打了喷嚏之后，可能你不太适合立刻与奶奶拥抱。当然，最好的办法是随身携带纸巾！

喷出"鼻涕"

你需要： 1/8 杯的硼酸洗衣增强剂（没有其他洗涤剂可以替代）、500 毫升温水、一小瓶埃尔默（Elmer）胶水（没有其他类型的胶水可以替代）、水、绿色食用色素、干净的空汽水瓶（1 升）、一个杯子和一把勺子。

步骤： 制作硼酸溶液。
将 1/8 杯硼酸洗衣增强剂加入 500 毫升温水中，摇晃直到大部分粉剂溶解（粉剂可能无法全部溶解）。将溶液放置在一旁至冷却。
将 1/2 杯埃尔默胶水倒入碗中。
加 1/2 杯水，搅拌。
加入 2 滴绿色食用色素，搅拌均匀。
舀出 8 勺硼酸溶液放入碗中。
搅拌，直到混合物呈凝胶状。如果"鼻涕"仍为流质，再添加一勺硼酸溶液。
移走鼻涕。
假装打个喷嚏——"阿嚏！"
然后，向你的朋友展示你打喷嚏喷出了多少鼻涕。

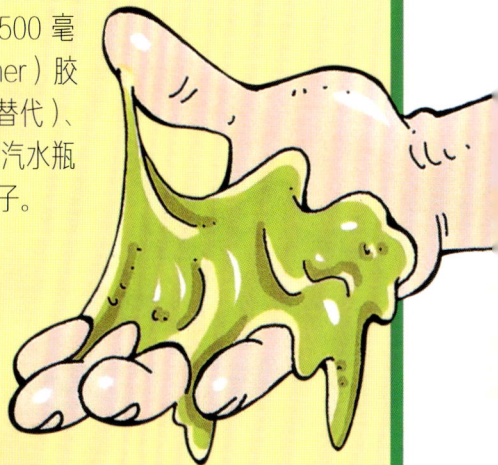

脚气

脚趾之间的皮肤发红、瘙痒而且易脱落?

你可能有脚气。

皮肤开裂、破损并且流出令人恶心的液体? 你可能有脚气。脚底和两侧有小水泡? 你可能有脚气。表层皮肤发白、发潮? 你可能有脚气。脚闻起来特别臭? 你可能有脚气。

你可能有什么? 有脚气。医生更喜欢称之为足癣(tinea pedis)。

脚气不是气, 它与一种经常侵入皮肤表层的真菌相关。有时, 这种真菌会在皮肤表面形成圆形斑块或硬硬的白线。

很久以前，欧洲人认为皮肤下面有一只蠕虫，它们可以帮助我们清理身体。足癣的医学名称tinea pedis源于拉丁语，意思是"足部烦人的蠕虫"。无论是不是虫子，脚气确实与生物入侵相关，只不过入侵者是一种真菌。

"我再也不打保龄球了！"不用担心，工作人员每次清洗保龄球鞋时都会喷洒抗真菌剂。

真菌喜欢生活在第四和第五脚趾之间。它们扎根于皮肤表层，然后向外围蔓延扩散，以一种名为角蛋白的蛋白质为食。角蛋白是构成皮肤表层的主要蛋白质。温暖和潮湿的环境很适合真菌滋生。所以，如果不穿袜子或穿着合成纤维的袜子穿网球鞋，甚至不洗脚。你的脚将成为真菌完美的家园。

嘿，对于男孩来说，如果足够"幸运"，你甚至可以将脚气真菌扩散到隐私部位，引发股癣。通常，足癣和股癣都会伴随出现，可能因为擦干身体的毛巾变成了散布真菌的媒介。温暖而潮湿的腹股沟是真菌的天堂。

头癣

甲癣

体癣

其他"可爱的"真菌感染：

股癣

手癣

足癣

等等！股癣和足癣？这种真菌只青睐喜欢运动的人吗？可以说是，也可以说不是。人的一生中，每10人中有多达7人会感染足癣。不过，青少年和成年男性感染脚气的概率更高。在运动时，人们会出汗，而且经常穿着不透气的运动鞋，并且赤脚出入公共淋浴间，这样得足癣的概率更高。所以，喜欢运动的人更受真菌的青睐。

没有人知道为什么，但真菌似乎特别喜欢某些人。研究人员试图利用真菌向参与实验的志愿者传染脚气，但结果并不理想。所以，你的朋友或许可以光脚在公共游泳馆里走来走去，不必担心感染脚气，但你这么做就可能由皮肤碎屑或孢子引起脚气。

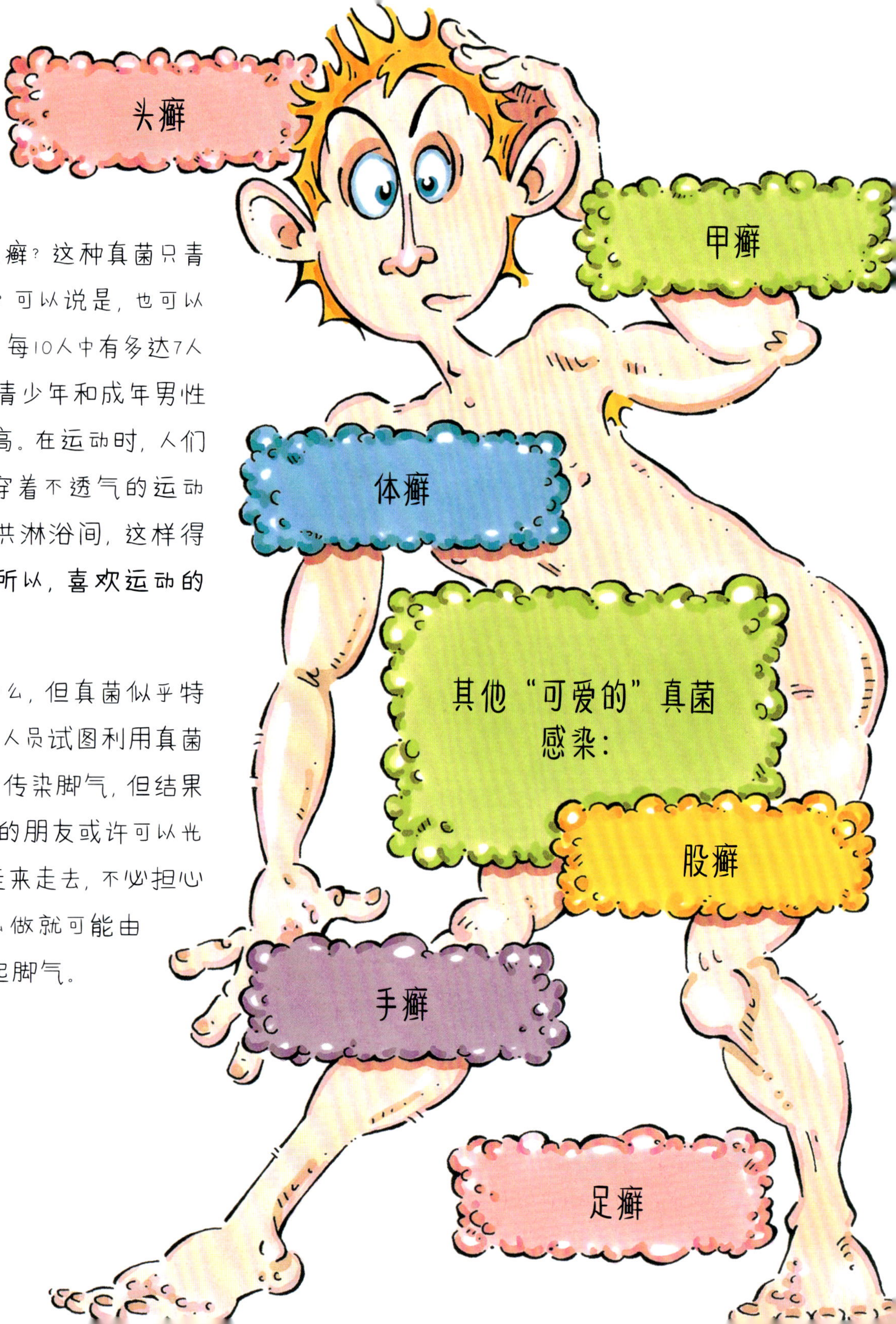

没有什么简单、直接的方法来判断你是否容易感染真菌。如果容易感染，你会得脚气；如果不容易感染，你可能永远无须担心脚气的问题。

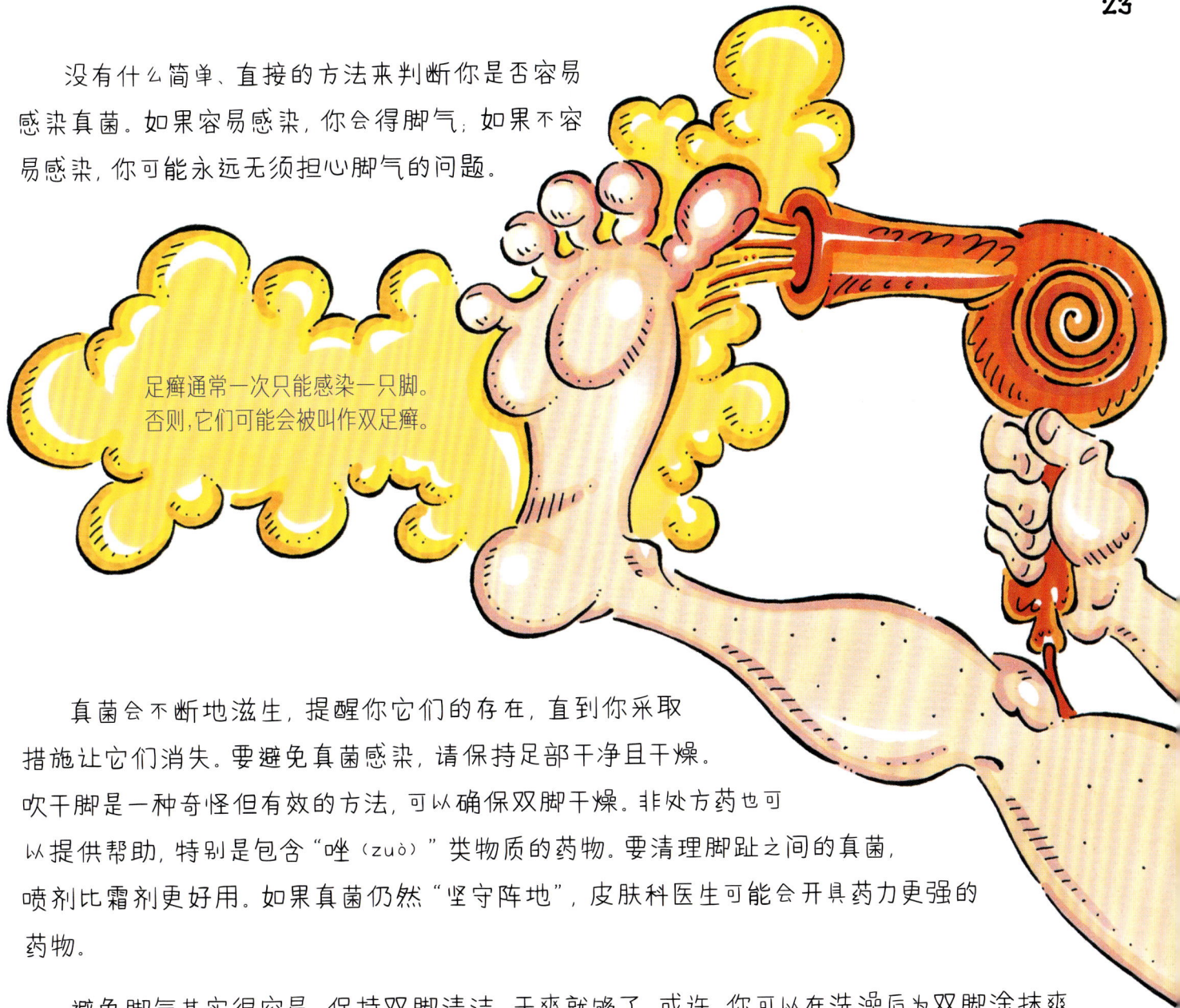

足癣通常一次只能感染一只脚。否则，它们可能会被叫作双足癣。

真菌会不断地滋生，提醒你它们的存在，直到你采取措施让它们消失。要避免真菌感染，请保持足部干净且干燥。吹干脚是一种奇怪但有效的方法，可以确保双脚干燥。非处方药也可以提供帮助，特别是包含"唑（zuò）"类物质的药物。要清理脚趾之间的真菌，喷剂比霜剂更好用。如果真菌仍然"坚守阵地"，皮肤科医生可能会开具药力更强的药物。

避免脚气其实很容易。保持双脚清洁、干爽就够了。或许，你可以在洗澡后为双脚涂抹爽身粉，尽量穿棉袜或羊毛袜；不要每天穿同一双鞋子，并且穿透气的鞋子；不要共用毛巾或鞋子；在公共淋浴间和游泳馆时穿拖鞋或凉鞋。如果想要"收集"足癣家族，把上述建议反着做就行了。

软乎乎、脏兮兮的东西

大脑

脑外科手术的历史非常久远。

早在石器时代，人们就已经开始在活人的头骨上钻或凿小孔了。钻孔的目的或许是为了缓解特别严重的头痛，或者释放邪恶的灵魂。中世纪的欧洲也有进行颅骨钻孔手术的记录，那时人们已开始使用金属工具。仔细想想，大脑钻孔很有意义。如果你头疼，可以找到疼痛的位置来消除头疼。当时，患者可能没有太多止痛的方法。不过，这可能不是什么大问题。大脑本身不会感觉到疼痛，是颅骨和头发感觉所有疼痛。想一想，班里"恶霸"揪你的头发时你的感受如何？

大脑看起来如同用肠子制成的胶质模具。

大脑与众不同。它看起来像一颗长在细茎上的巨大灰色花椰菜，又像剥掉外皮的半个橘子。大脑切片看起来像果馅卷饼。

如果你曾有过难得的机会触摸人类的大脑，你会发现大脑表面紧致而且富有弹性，而非看起来那么湿乎乎、软塌塌的。你触摸到的大脑标本浸泡在溶液中，因此相比活人的大脑，大脑标本更硬。现在，你的大脑就在活动。这并不是开玩笑！大脑浮在一根细茎的末端，外面是由颅骨构成的严密保护壳。颅骨顶部有0.6厘米厚，底部更厚，而且非常坚硬，但这并不是你骑自行车时不戴头盔的理由，因为用脑浆装饰人行道并不是一个好主意，也不美观。颅骨可以尽职尽责地提供保护，但也无法抵御水泥和金属等更坚硬物品的猛烈撞击。

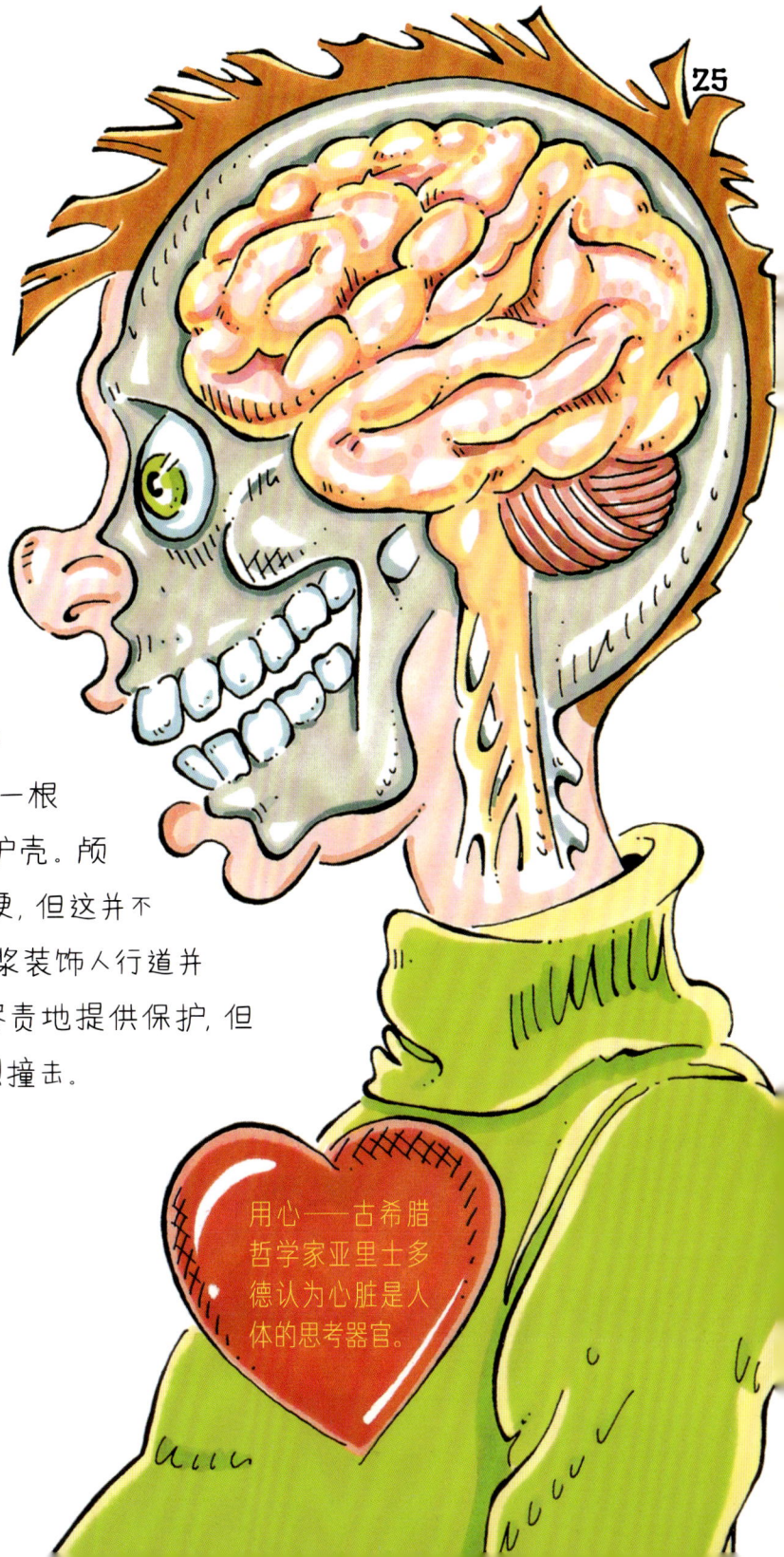

用心——古希腊哲学家亚里士多德认为心脏是人体的思考器官。

大脑挫伤被称
为脑挫伤。

即使头部没有撞到地上，你的大脑也难免遭
受碰撞。从床上起身时，你的大脑会向后集中在
后脑勺附近。想象一下坐过山车时我们可怜的大
脑。科学家解剖去世拳击手的大脑时发现，由于
在漫长职业生涯中受到了无数次击打，他们的大
脑看起来有点儿类似过期的牛油果沙拉酱。

实际上，大脑不会轻易出现擦伤或者瘀伤，因为大脑被包裹在3个结实的脑膜中。3个脑膜分别为**硬脑膜**（dura mater）、**软脑膜**（pia mater）和**蛛网膜**（arachnoid mater）。

Mater在拉丁语中表示"母亲"，多么甜蜜的词语。Dura有坚硬之意。所以，第一层硬脑膜是一个"坚强的母亲"。Arachnoid的意思是"蜘蛛状"，所以蛛网膜形似蜘蛛网。Pia的意思是"柔和"，意味着最内侧的软脑膜非常脆弱。

蛛网膜和软脑膜之间是被称为脑脊液的液体，具有类似旅行头枕的作用，是大脑的减震器。每天约有半杯脑脊液渗入大脑。这种清澈的水样液体含有蛋白质、盐、糖和尿素。尿素与小便中发现的尿素相同。大脑就漂浮在脑脊液之中。

脑膜、脑脊液及颅骨如同包裹珍宝的包装，保护着我们的大脑。大脑看起来丑陋而且凹凸不平，重约1.4千克，其中85%是水。但是，如果没有了大脑，我们的身体将丧失所有功能。实际上，**我们的感觉、听觉及味觉都依赖于大脑**。大脑还创造了情绪并储存记忆。没有了大脑，我们可能会变得和植物一样。嗯，实际更糟，因为你已经死了。大脑是人体控制中心。尽管外观并不是很美观——灰扑扑的外部、白花花的内部及类似蠕虫的表面，但内部的300亿个神经细胞一直不间断地释放着电化学信息。每一秒大脑都能发送超过普通人一生发送的信件总和的信息。所以，谁还会在意它是丑陋的还是美的呢？

存放于博物馆的那些埃及木乃伊都被挖掉了大脑。为了帮助保存身体，木乃伊制作者必须移除大脑——他们使用长钩将大脑从鼻孔里拽出来。

挫伤

你选择哪种挫伤?

皮肤挫伤、眼球挫伤、指甲挫伤还是脑挫伤?无论哪种,挫伤总是意味着浮肿、青紫色、疼痛和刺痒。

挫伤是数条血管破损和血液流出形成的现象。所有挫伤都是身体部位被撞击的结果。挫伤与切割伤不同,血液不会流到身体外部,而是被困于皮肤、指甲或脑膜下方。

不同部位的挫伤具有各自令人印象深刻的俗称。大脑或皮肤挫伤称为挫伤,眼球挫伤被称为"浣熊眼",准确的名称是眶周瘀斑。瘀斑是血液从血管泄漏到周围组织的结果。"浣熊眼"似乎更明了易懂。是的,也许专业的医学人士都喜欢用很难的词。指甲挫伤被称为"黑指甲",但大多数医生称之为"甲下血肿"。

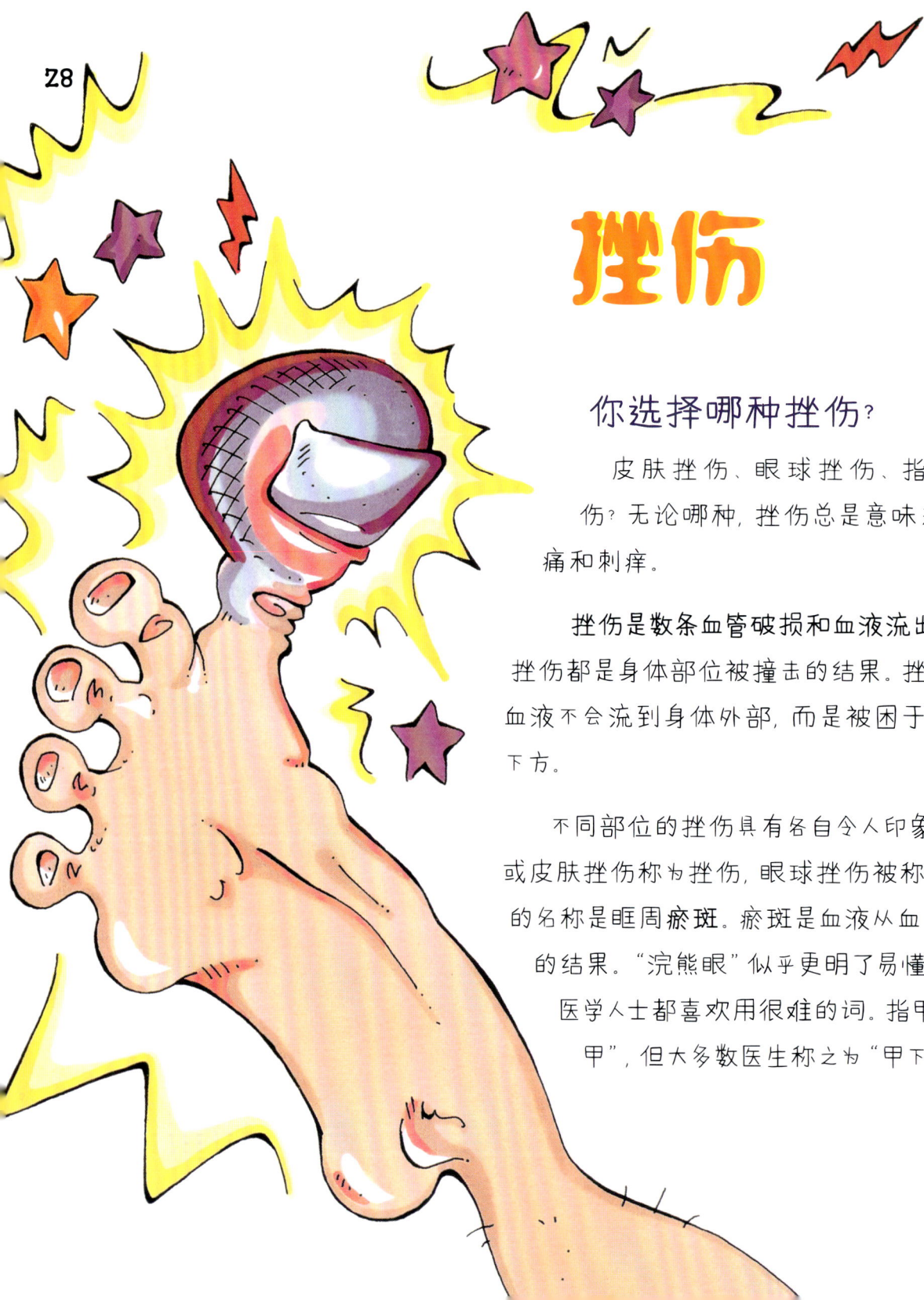

所以，甲下血肿就是指甲下方形成的血肿块。无论怎么称呼，挫伤肯定不是你想要每天面对的。

"我想外带一份香草奶昔和挫伤，谢谢。"

脑挫伤是一种并不常见的挫伤。虽然看不到吓人的大脑挫伤，但这种挫伤非常危险。颅骨受到猛烈撞击时也可能形成脑挫伤。

哎哟！

3 层脑膜的最内层被撕开了。血液渗出大脑并进入第二层。如同包裹了 3 层袋子的布丁，紧贴"布丁"的袋子撕开了一个口。因此，滑腻的"布丁"渗透到了第二个袋子中。令人恐惧的是，大脑渗液能够导致昏迷，并且人可能长时间失去知觉。大多数人都很幸运，他们从来没有遭遇过脑挫伤。

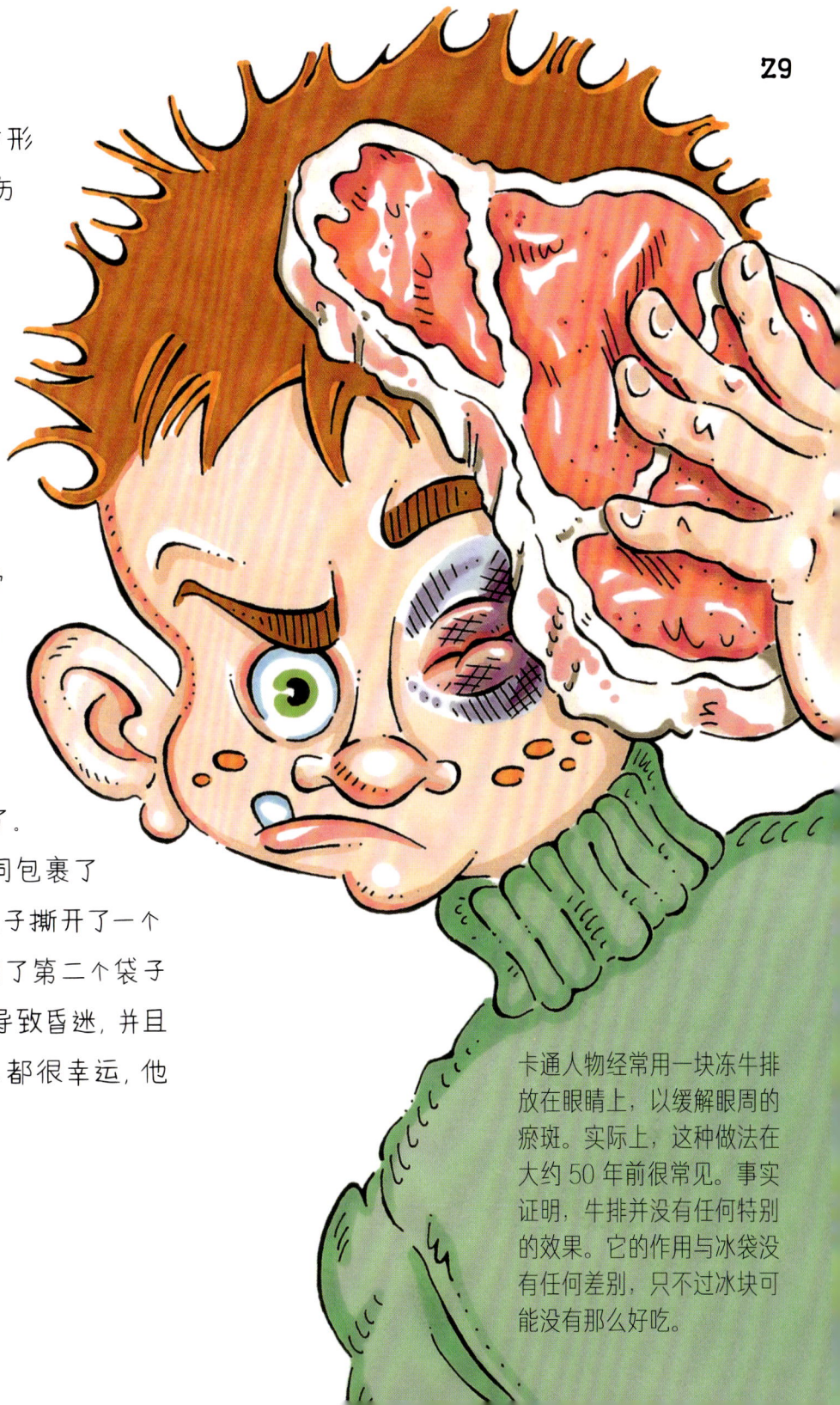

卡通人物经常用一块冻牛排放在眼睛上，以缓解眼周的瘀斑。实际上，这种做法在大约 50 年前很常见。事实证明，牛排并没有任何特别的效果。它的作用与冰袋没有任何差别，只不过冰块可能没有那么好吃。

皮肤挫伤很常见，有些人可能每年都会经历数次。皮肤是人体最大的器官，负责保护体内组织和器官。然而，有些人经常会撞到某些东西或被某些东西撞到。

"嘿，那个凳子跳到了我面前！"

一块与邮票大小相当的皮肤排布着长约1米的毛细血管。如果这些血管破损，其中的血液将渗入下层皮肤。皮肤表层没有血管，可以防止血液渗出。如果红色的血液渗出皮肤表面，那不是挫伤，而是切割伤。不过，有时候切割伤的伤口可能被挫伤包围。

挫伤部位经常会经历多种颜色变化。如果拍摄成彩色纪录片，你会发现挫伤部位一般从红色开始，然后变为青紫色，最终以黄绿色收尾。"可爱的"挫伤也可能具有光滑的表面，因为下方聚集的液体会使皮肤紧绷。我们的身体并不喜欢挫伤，因此它会派遣白细胞部队前往挫伤部位，清理"骚乱"，例如流出的血液。随着清理工作的进行，挫伤的颜色也随之改变。挫伤一般需要数周时间才能恢复，但恢复后不会留下任何痕迹，完全看不出这里曾有挫伤。干得漂亮，小小的白细胞！

有些人觉得挫伤的色彩变化相当恶心，他们不喜欢这些"神奇的变化"。幸运的是，人们自己可以加快挫伤的恢复速度。

为了缩短恢复的时间，请在第一天用冰袋甚至冷冻蔬菜冷敷挫伤部位。但是，从第二天开始，请改用热敷。

维生素K乳或山金车乳霜也可以帮助消除挫伤。此外，挫伤越接近脚，痊愈的速度通常也就越慢。腿部挫伤比手臂挫伤愈合得慢。立即用弹性绷带包裹腿部挫伤可以更快地止血，缩小挫伤的范围。

有些人认为"浣熊眼"是一种不错的挫伤，因为"浣熊眼"让人看起来很"男人"。其他人认为"浣熊眼"很糟糕，因为会让人看起来很奇怪。

眶周瘀斑是一种常见的挫伤，但出现在了特殊的部位。

实际上，眼睛本身并没有变得青紫，变色的只是眼睛周围的皮肤。有时候，眼球中的小血管可能会破裂，让眼睛表面充血。被拳头、胳膊肘击中和摔倒是导致"浣熊眼"最常见的原因。如果鼻子被击中，你也有可能出现"浣熊眼"。如果你吐得太厉害，你也会出现"浣熊眼"。不过，"浣熊眼"并非呕吐物击中眼睛的结果。

锤子砸中手指并不会导致"浣熊眼"，你只会得到指甲挫伤。车门夹手也是"获得"此类挫伤的"好方法"。指甲本身并没有受伤，流血的是指甲下方的甲床。

畏缩，退缩。

压力是指甲挫伤经常面临的问题，压力将引发疼痛。"哦，好痛。"你的小手指将成为你唯一能够感觉到疼痛的部位。我们只能缓解疼痛。也就是说，指甲挫伤可以得到治疗。医生可以用烧红的针刺穿指甲，排出下方淤积的血液。

啊，救命！

当心，易燃！
这种方法不得用于治疗假指甲下方的挫伤，因为假指甲可能起火。

眼球

"血泊中的眼球。"

呃, 太恶心了!

每天, 我们都会看到很多人的眼睛, 但并不会感觉不适。不过, 提到眼球, 仅仅想象一下都有可能让你感觉反胃。不信, 试着想象一下把手伸入一个装满了黏糊糊的眼球的桶中。

呃……

或者, 在眼球上划一刀, 观察渗出的液体。停, 停, 再说我要做噩梦了!

走路时, 我们的眼球会在眼窝中"晃动"。眼球的大小不会超过一个乒乓球的大小, 占据大约一半的眼窝空间。所以, 眼球就像茶杯中的一个果冻乒乓球。俯身或走路时, 眼球并不会跳出来, 因为有六条勤带的肌肉牵引着眼球。如果没有肌肉的牵引, 眼球可能会突然跳出眼窝。

肌肉也可以控制眼球的移动，所以你可以阅读书籍和环顾四周。眼球肌肉通过拉、举、拽等动作移动眼球。**每天，眼球肌肉移动约10万次。**要让腿部肌肉完成同样数量的锻炼，你可能需要步行约128千米。

几乎没有比尖棍刺中眼球更让人痛苦的事了。被尖锐物刺中眼球的感觉非常糟糕。眼球也有保护者：眼球所在的眼窝有前额"屋顶"和颧骨"地板"的保护。

1793年，一位法国女孩出生了。奇特的是，她只长了一只眼睛，而且长在额头中央。虽然只有一只眼睛，但这只眼睛在她去世前正常工作了15年。

一些关于眼睛的词语

注：词语后面是解释。

擦亮眼睛：表示需要特别警惕。

红眼航班：表示半夜起飞，凌晨抵达的航班。

以眼还眼，以牙还牙：即用瞪眼回击瞪眼，用牙齿咬人对付牙齿咬人。指对方使用什么手段攻击，就用什么手段进行回击。

眨眼之间：表示极短的时间。

询问父母你是否可以做这个实验。如果可以的话，请父母帮你找到一只牛或羊的眼球。

将眼球放在一张报纸上。若不习惯眼球盯着你看，把眼球翻过去，找到视神经。注意附着在眼球上的肌肉。用剪刀剪断与眼球连接的组织。

刺穿眼球侧壁，将眼球切成两半。拿起后半部分，将前半部分摆回此前的正面面对状态。使用剃须刀片沿角膜的外缘切割，取下角膜，眼球将会渗出房水。留下虹膜或者眼球有颜色的部分。透过虹膜开口（瞳孔），找到晶状体。小心地裁切并取下晶状体。

1895 年，英国一家公司宣布将投产 X 线眼镜。虽然 X 线眼镜从来没有上市，但伦敦一家百货商店却因此获利丰厚——他们卖出了大批"防 X 线眼镜"的内衣。

巩膜是覆盖眼球的一层坚硬的纤维壳，即"眼白"。

覆盖眼睛有色部分的是透明且坚韧的**角膜**。眼皮也可以保护眼睛。向你的好朋友扔一个纸团，他或她会立刻合上眼皮。"我们会保护你，眼球！"如果所有的保护措施都失效了，一根尖刺刺入了你的眼睛，你的眼前会变得一片模糊。

白色眼膜内部是果冻状的**玻璃体**。玻璃体类似蛋清，它能够防止眼球被刺中后像气球一样彻底萎缩。萎缩的眼球看起来很不美观。

"看着我的眼睛，深深凝视我的眼睛。"

当你看着别人的眼睛时，你会看到什么？角膜如同眼球的前窗。它实际是光滑眼球的一个小突起。医生会用激光打磨角膜层来矫正视力。"我只需稍微打磨一下你的眼球就好了。"角膜会折射进入眼睛的光线，改变光线的折射角度可以获得更清晰的物体成像。

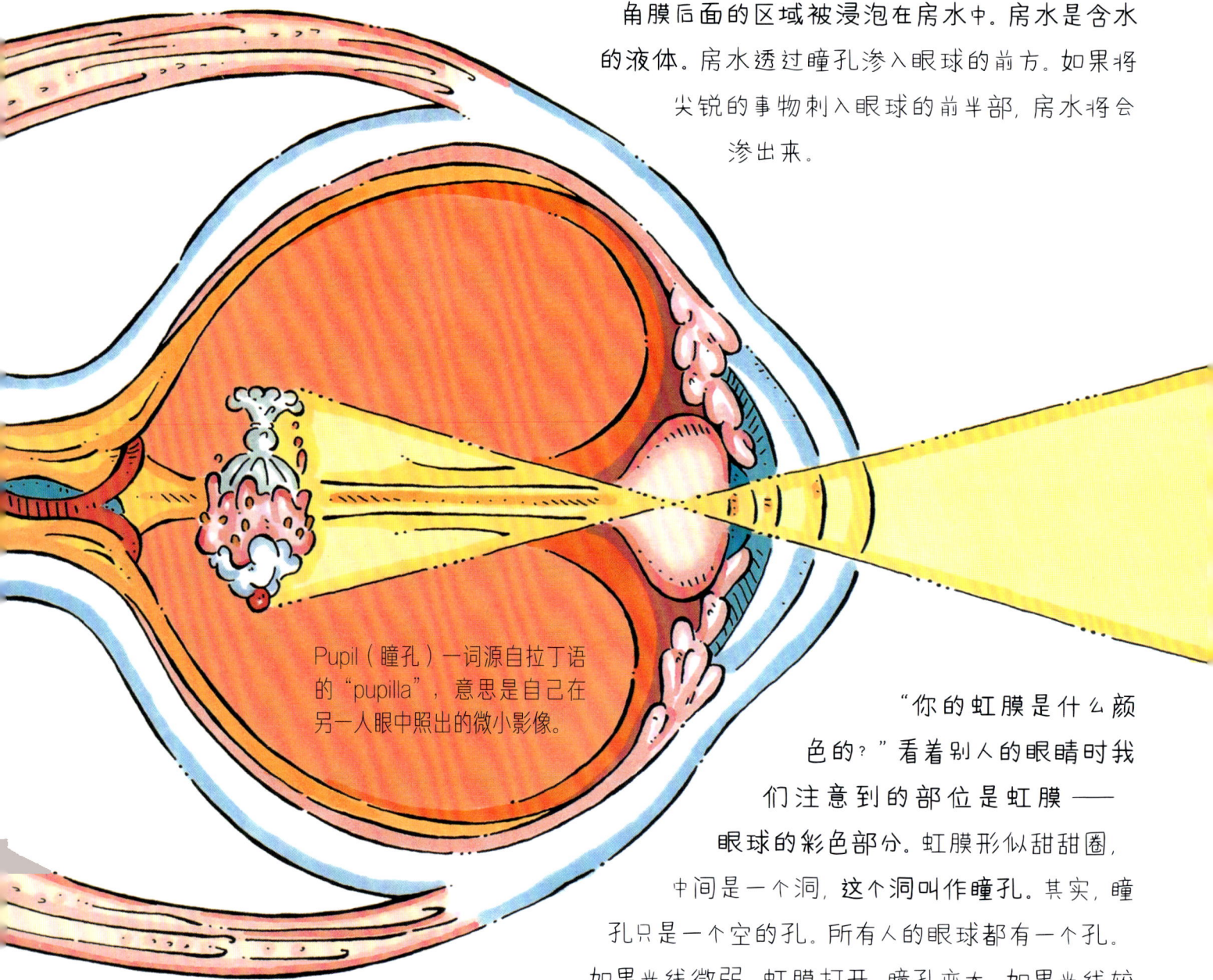

角膜后面的区域被浸泡在房水中。房水是含水的液体。房水透过瞳孔渗入眼球的前方。如果将尖锐的事物刺入眼球的前半部，房水将会渗出来。

Pupil（瞳孔）一词源自拉丁语的"pupilla"，意思是自己在另一人眼中照出的微小影像。

"你的虹膜是什么颜色的？"看着别人的眼睛时我们注意到的部位是虹膜——眼球的彩色部分。虹膜形似甜甜圈，中间是一个洞，这个洞叫作瞳孔。其实，瞳孔只是一个空的孔。所有人的眼球都有一个孔。如果光线微弱，虹膜打开，瞳孔变大；如果光线较强，则虹膜收缩，瞳孔变小。

如果眼球内部有一个小灯泡，那么光将从瞳孔透出。哇！瞳孔是进入眼球的"钥匙孔"。使用带有灯和镜片的特殊仪器，医务人员可以观察瞳孔后面的眼球区域。

瞳孔后面是晶状体。想象一下放在炎热阳光下短时间曝晒后的巧克力豆。它们变得两侧柔软，中间较硬，晶状体就是这样的。与巧克力豆不同，晶状体类似富有弹性的双凸透镜。在肌肉的帮助下，晶状体可以变化形状：凸度增大，可以让你看清近处的物体；凸度减小，方便你观察远处的景象。晶状体负责精细对焦，而角膜确定目光关注的主焦点。晶状体后方是玻璃体和后壁。

但是，眼睛是如何看到事物的呢？下面简单地介绍一下。光线从物体表面反射以后，经过角膜汇聚并穿过瞳孔，然后由晶状体进行细微调整。最终，光线穿过眼球的玻璃体，落在视网膜上，形成微小的倒置图像。视网膜将获得的信息通过视神经传递到大脑，两千分之一秒后，大脑完成所有图像的分类整理。

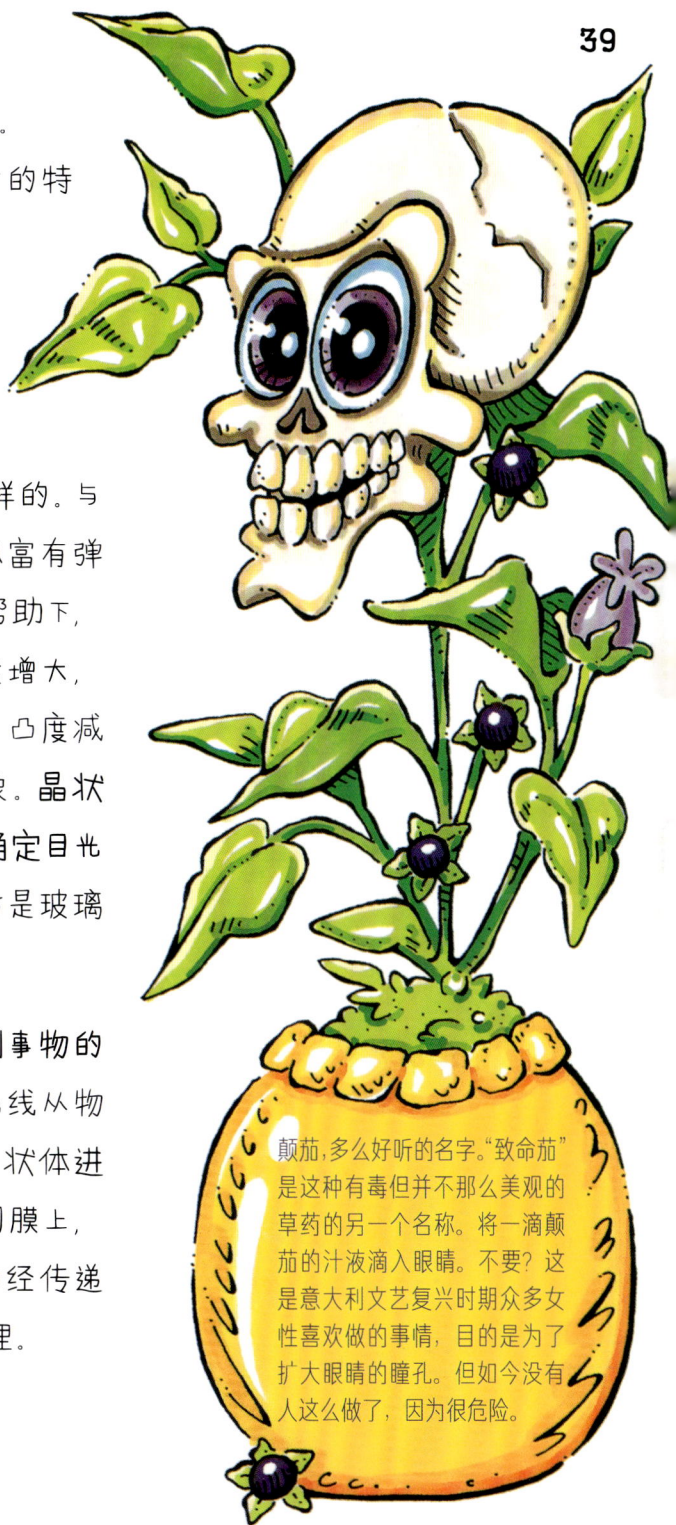

颠茄，多么好听的名字。"致命茄"是这种有毒但并不那么美观的草药的另一个名称。将一滴颠茄的汁液滴入眼睛。不要？这是意大利文艺复兴时期众多女性喜欢做的事情，目的是为了扩大眼睛的瞳孔。但如今没有人这么做了，因为很危险。

肠子

"我讨厌你的肠子！"（英语的意思为我恨你入骨。）

实际上，你可能不会喜欢任何人的肠子，因为它们确实非常恶心。

肠子绝对不是身体的思维或感觉器官。"我把肠子都吐出来了。"呼，那不可能。"他的花花肠子真多。"是的，这个人可真坏。

好吧，肠子到底是什么？

看电影时，我们可能发现某人的内脏流了出来。他们抓着的是什么？如果清理动物内脏，你会摘掉哪部分？肠道分为大肠和小肠，是人体重要的消化器官。

通常，胃肠包括胃和肠。

所以，我们说某人胃肠功能发达，是说他们的肠胃状态良好。

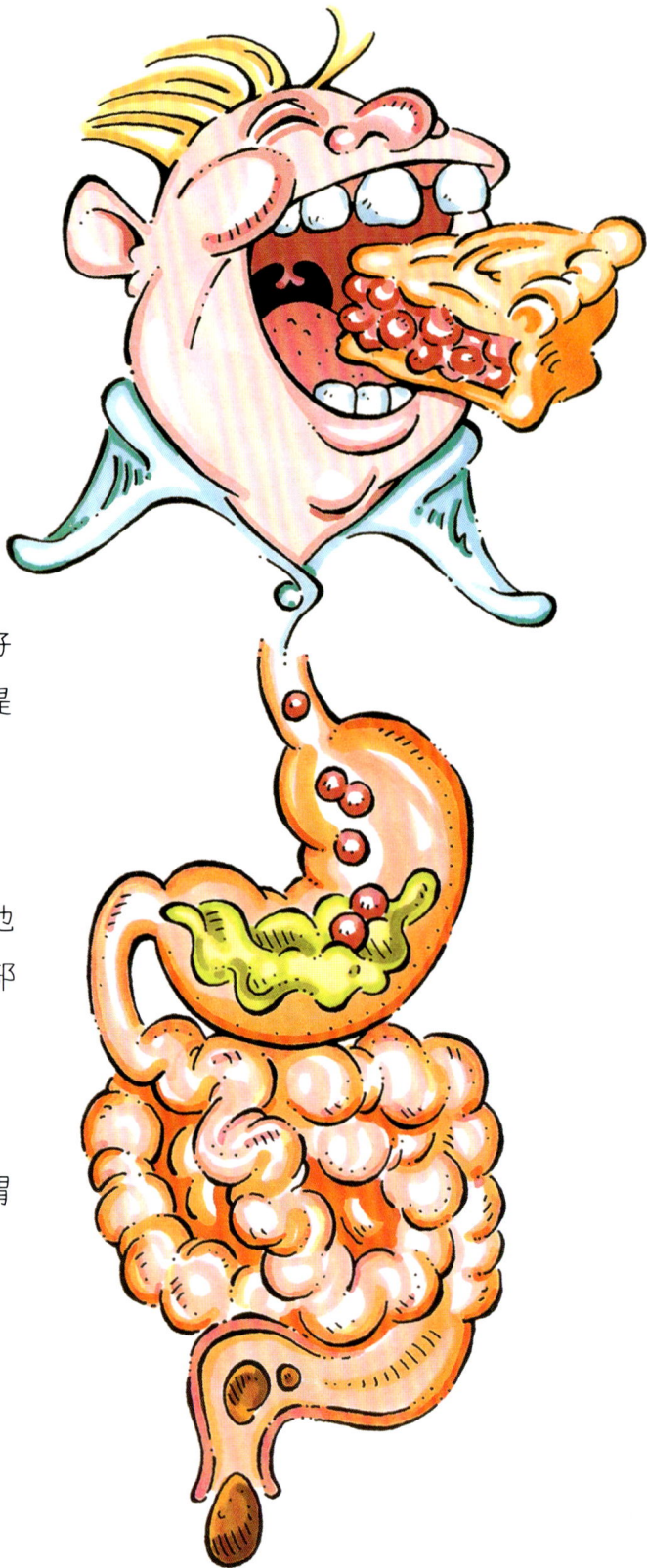

胃是一个J形袋子，位于肚脐的上方。肠子在肚脐下方盘绕。将肠子拉直后，其长度与网球场的宽度相当。嘿，谁需要球网？

肠子的前6米左右是**小肠**，最后的1.5米是**大肠**。

小肠得名的原因在于其直径小于大肠。多么聪明！小肠直径约4厘米，外壁光滑，内壁则类似长绒地毯。在小肠的入口处，胃将看起来如同呕吐物般的粥状食物送入小肠。

实际上，将这些食物称为呕吐物并没有错：这些食物从胃逆流而上并从口中吐出后就变成了呕吐物。

由于一次枪击意外，亚历克西斯·圣马丁变成了活的实验体。虽然他的枪伤幸运地愈合了，但遭枪击的胃部留下了一个洞。借助这个胃洞，威廉·博蒙特博士开始实际观察胃部的功能：他通过孔洞将不同的食物放入胃中，然后再观察它们与拉出来的便便的差异。

当食物进入肠道以后，人们会称它们为**食糜**（半流体食物）。

小肠可以从食糜中吸收营养物质，然后将残渣送入大肠。

想象一长串虚握的拳头，大肠就是这样的：由一个个内外光滑的块状管道组成的长链。肠道的最后20厘米为直肠，用于存储等待从肛门排出的大便。**大肠的全部工作是吸收食物残渣里的水分，将吃下的食物变成大便。**假设让1升小肠消化完的残渣进入大肠，那么大肠可以从中吸出一小罐水。在结肠中停留3~10小时之后，已经充分干燥的食糜正式变成便便。大便留在大肠的最后一段肠管中，直到被挤入直肠，最终与世界相遇。"再见，温暖的大肠。你好，冷酷的世界。"

肠道像人们挤牙膏管一样不断地挤压食物，将其不断地向下移动。除了偶尔腹泻，或者你患有肠易激综合征，否则大多数时候我们感觉不到肠道的蠕动。愤怒的肠道并不会带来愉快的体验。你的肠子不断地搅动……哎哟！肚子疼！……挤压！呀！快，我要上厕所！无须多言，患有肠易激综合征的人就是这么着急。

肠子由皮肤、脂肪层、腹肌松散地包裹着。去掉这些固定物后，肠子就会从体内掉出。猪下水是煮熟的猪内脏，羊杂布丁以羊内脏为原料。香肠的外皮是用肠子制成的肠衣。但是，无须担心，所有的便便"生产地"和便便都已经被清理干净了。

肠道音乐

大多数人每天放屁约 14 次。有时次数更多，有时则较少。屁是从肛门排出的气体，而气体是细菌分解肠道内食物的产物。

放屁表可以记录一天的放屁数。

进行下述实验时，请记住，每个屁之间必须有数秒钟的间隔。一连串的嘟嘟声计为一个屁。

你需要： 6 张纸、铅笔、尺子、你自己。

步骤： 制作放屁表。水平线表示进行实验的天数——在进行实验的 5 天内添加记录。垂直线表示每天放屁的次数——写上数字 1 ~ 50。

从早上醒来开始实验，一定随时准备好纸和铅笔。在纸的顶部写下"第一天"。这是你的屁计数表。此外，在记录表上记录你全天的饮食。在一天结束时，数一数你记下的数字。在放屁表上，找到与记录数目相对应的数字。在天数标记和次数标记之间画一条线。如果需要，将线条变成格子，并涂色。继续统计，并记录接下来 4 天的饮食。你这些天放屁的次数都一样吗？

计数表

放屁表

有时候，你听到的咕噜声并非来自胃，而是源自肠道。肠道的咕噜声被人们称为腹鸣。腹鸣是肠道中气体移动发出的声音。

便秘

有时候你就是拉不出便便。

也许是因为你很难过，也许是因为你太长时间没去厕所了，也许是因为你不喜欢使用外星人的卫生间，也许是因为你吃得不舒服，也许是因为你正在吃药……不管什么原因，你无法排便——你便秘了。

那么，你要怎么办？**大多数人会抱怨："我无法排便。"**发牢骚很正常，因为便秘确实无趣而且难受。有些人会去药店购买泻药。泻药迫使肠道蠕动，然后大约8小时后你就可以排便了。但是，泻药不能经常服用，因为这些药类就像肠道兴奋剂，经常服用可能会形成依赖。也就是说，不服药就无法排便。

你有没有注意过关于治疗便秘的广告？下次看到此类广告时注意一下。面对便秘问题，你会像广告中的人一样微笑吗？

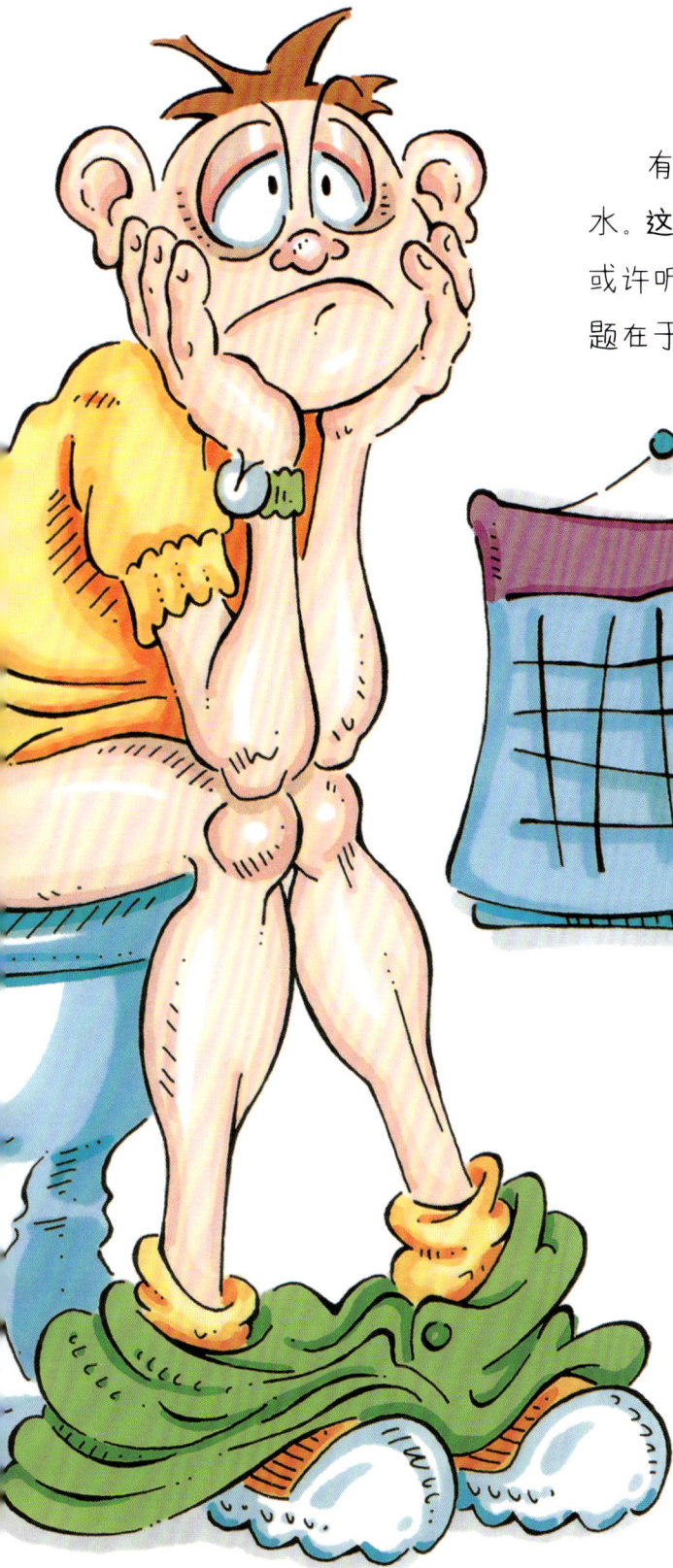

有些人会将管子插入肛门，然后向直肠中灌清水或盐水。**这种方法称为灌肠。**大约3~5分钟后，他们就会排便。或许听起来不那么卫生，但灌肠并不危险。但是，灌肠的问题在于，频繁灌肠可能让你丧失自己排便的能力。

对于许多便秘者来说，食用大量的纤维才是最佳的治疗方法，例如西梅、麦麸、蔬菜和水果；或者从商店购买纤维补充剂或软便药。纤维补充剂和软便药比泻药要好一些，因为它们不会强迫你的肠道肌肉蠕动来排便。相反，它们通过增加水分来帮助你更顺利地排便。一两天后，你就会将大便排出。这是比较安全的治疗方法。对大多数人来说，耐心就是解决方法。通常，对于嚷着"哦不！我今天没蹲厕所！"的人来说，他们需要做的只是放松并耐心等待。

如果你的饮食以饼干、苏打水及其他精制食品为主，便秘问题可能很难避免。在胃肠消化食物的过程中，此类食物很容易在大肠的末端聚集。

大便通常存储于大肠末端，然后等待你前往厕所排出。

如果缺乏纤维或不成形，大便将留在结肠。如果在结肠停留时间过长，大便将继续脱水并干燥，进而变得紧实而坚硬，而非柔软、潮湿。坐在马桶上，你很难将硬邦邦的大便排出。直肠必须用力收缩并挤压才能将大便排出。想要避免便秘，你必须吃新鲜的蔬菜、水果和粗粮，并且每天喝大量的水。

太忙而忽略了自然的生理呼唤，大便会留在结肠并变硬，这也是便秘的常见原因。然后，当忙碌的人试图放松自己排便时，硬硬的大便就不那么容易排出来了。所以，定期排便，不要憋着。

"啊，我讨厌蓖麻油。"过去，妈妈们喜欢用茶匙捅孩子们的嗓子眼，以便把蓖麻油灌进他们的肚子里，以确保排便顺畅。现在，你居然还要因为吃蔬菜而抱怨！

便秘真的有可能导致非常糟糕的结果——**粪便嵌塞**。因为长时间的干燥和挤压，大便会变得如同石块一样坚硬，进而形成粪便嵌塞，这肯定不是你的生日愿望。解决粪便嵌塞的工作需要由护士和医生完成。有时，医生注射麻醉药麻醉病人的屁股。然后，医生用设备探入直肠，打散坚硬的粪便，再将它们拽出来。我确信，整个过程结束后，医生和病人都会松一口气。

不规律的排便对每个人的影响都不太相同。有些人每天排便两次，有些人排便的次数较少。所以，下次出现不规律的排便时，请记住，即使没有每天规律地排便也没关系。喝水，并且多吃粗纤维食物，还要放松心态，一切都会过去的。

凹凸不平的块状物 鸡皮疙瘩

你知道拔了毛的鸡或鹅是什么样子的吗？

这个非常重要甚至有可能改变命运的问题其实很简单。下一次受到惊吓或感觉寒冷时，请注意观察自己的皮肤。这与拔毛之后鸡的皮肤没有太大差别，这也是"鸡皮疙瘩"的由来。

仔细观察你的手臂。现在？是的，马上。注意，其实我们的皮肤表面长有很多毛发。远古时代，人类皮肤覆盖着更多的毛发。随着时间的推移，人类在进化过程中失去了大部分毛发。不过，现在人类身体表面仍长着一些细小的毛发。

人类身体上的所有毛发都从毛囊经毛孔长出。

立毛肌是与毛囊有关的一种特殊肌肉。立毛肌从毛囊底部探入皮肤深处，可以将皮肤表面的毛发由平躺的休息状态改为直立状态。

没有人知道为什么称鸡皮疙瘩，而非鸭皮疙瘩、鹅皮疙瘩或火鸡皮疙瘩。

如果你观察过鸽子或猫，那么你应该知道，当它们感觉寒冷时，就会让羽毛或皮毛变得蓬松。被困在羽毛和皮毛中的空气吸收体热而升温，在动物的身体周围形成了温暖的保护罩。人类也是这样的。当感觉冷时，人体每个毛囊底部的肌肉都会迅速收缩，让体毛直立，帮助你保持体温。问题是人类的体毛已经显著退化，但毛囊却不知道，所以它们仍会刺激立毛肌收缩，在每根毛发周围的皮肤表面形成支撑毛发的突起。但是，大多数无毛皮肤没有此类行为。

结果就是出现小疙瘩 —— 鸡皮疙瘩。

因为恐惧形成的鸡皮疙瘩可能是"出冷汗"的应激反应。当受到惊吓时，我们的身体会自动分泌冷汗。我们无法控制冷汗的分泌，而身体出冷汗的目的也不是为了降温。相反，身体会在出冷汗后做出快速应对，以努力再次温暖身体。这样鸡皮疙瘩就出现了!

当狗、猫或熊受到惊吓时，它们会"炸毛"。蓬松的毛发让动物看起来更大、更强壮。"不要惹我，我高大而且强壮。"出于同样的原因，感到恐惧时人类的身体表面也会形成密密麻麻的小疙瘩。然而，人类体表的毛发已经大幅退化，鸡皮疙瘩只能让我们看起来很傻，没有任何其他作用。

那么，鸡会起鸡皮疙瘩吗?实际上，它们的羽毛根部可能同样有小疙瘩。不过，如果看不到，这些能叫作鸡皮疙瘩吗?

战栗是一种保暖的好方法。战栗实际是肌肉正在收缩。肌肉运动可以发热，进而帮助身体保温。

即使已经完全谢顶，突然的惊吓也能让人产生头发直立的感觉。好吧，用头皮发麻形容可能更准确。

打嗝

嗝！嗝！嗝！嘘！

不分男女，不分老幼，也不分时代，人人都会打嗝。远古时代居住在洞穴里的人可能偶尔打嗝，甚至子宫内的胎儿都会打嗝。一些医务人员坚持称打嗝为呃逆。不过，打嗝听起来更通俗。

"嗝"声源于被人们称为会厌的特殊部位，即会厌快速封闭气管的声音。

打嗝很烦人，但有时候也很有趣，而且对身体来说是一项挑战。

打嗝似乎是一件小事，但需要身体许多部位的协调。嗝！对不起，胃和肺之间的肌肉屏障（膈肌）痉挛会引发打嗝。

膈肌是至关重要的呼吸器官之一。膈肌收缩,膈顶下降,形成肺部真空,吸入空气;呼气时,隔肌放松,膈顶上升,挤压空气将其排出。通常,膈肌受到身体的严格控制,但有时也会受到刺激,导致呼吸节奏被打乱。有时,我们并不会完整地打嗝,只是不断地吸气、吸气。当发生这种情况时,膈肌会出现痉挛。

没有人十分肯定膈肌痉挛的原因。吃得太多是可能的原因之一,因为膨胀的胃会挤压膈肌;吸入的空气太多,也可能打乱正常的呼吸节奏;提起重物时没有恰当地调整膈肌也可能会引起打嗝。可以确定的是,几乎每个人都会在某个时间刺激膈肌,引发打嗝。

某天,时年26岁的美国爱荷华州农民乔治·奥斯本试着举起一头150多千克的猪。从此,他开始不断地打嗝。尽管打嗝不止,这位农民依旧过着正常的生活,经历了两次婚姻,生了8个孩子,并于69年后去世。他遇到的唯一问题是无法安稳地佩戴假牙。

不一定管用的治疗打嗝的方法:

屏住呼吸一分钟;

吞一茶匙糖;

慢慢喝一杯水;

从杯子的另一侧喝水;

让别人吓唬你——"哈!"

用纸袋呼吸;

用力猛拉你的舌头——"哎哟!"

嚼并吞下干面包;

将膝盖拉到胸前,或者身体向前倾;

不要刻意关注打嗝;

用废纸篓盖住头,然后让别人敲击;

在岩石上吐口水,然后翻转;

用舌头弄湿一根红线,悬挂在前额,

盯着这条线;

吮吸一片柠檬;

在阳光下散步。

糖

1768 年,一名英国人因为打嗝被送往医院;他的打嗝声非常响,甚至 800 米外都能听到。

打嗝发生在喉咙附近。会厌位于舌头后端和声带之间,这个小瓣具有非常重要的作用:保护气管,避免多余的东西进入气管。呼吸时,会厌打开,气管处于畅通状态;吞咽食物时,会厌关闭气管,确保食物进入食管。

"食物即将到达,关闭舱门。"

有时候，会厌会出现混乱，特别是在满口食物时说话或大笑。

你这样做："叽里，吞，呱啦，哈哈，哈，咽，咽，呱啦。"

会厌："开，关，开，开，开，关，关，开？"

然后你："嗝，嗝，嗝，咳。"

撞到气管口的食物将触发"警报"，驱逐空气冲击以推动入侵者。

现在继续介绍"嗝"部分。当会厌疯狂地封闭气管以阻止空气冲击时就会产生"嗝"。通常，你不会听到会厌关闭的声音。然而，打嗝时，会厌会猛烈地闭合气管，并阻止大股气流。"嗝，嗝，嗝。"不，不可能发生这种情况。"嗝"总是跟着"咳"，你也不会"嗝咳"。打嗝永远都是"咳嗝"的顺序，形成响亮的嗝声。

通常，打嗝会在持续一段时间后自行停止。不过人类发明了一大堆治疗方法。医院可能会给打嗝者服药，以舒缓控制膈肌的神经。但在日常生活中，大多数人还是会等待打嗝自行停止。

"嗝！嗝！"然后不知道什么时候停了。

折指关节

趾骨与脚骨连接 —— 咔嗒!

脚骨与腿骨连接 —— 咔嗒!

腿骨与膝盖骨连接 —— 咔嗒!

指骨与指骨连接 —— 咔嗒! 咔嗒! 咔嗒!

"别再折你的指关节了,听起来很糟糕。"糟糕?是的,糟糕是让人恶心的另一种说法。

折指关节的人可能认为这是一种"放松"。对于其他人来说,折指关节的声音让人烦躁,"呃,停!"让指关节发出"咔嗒"声并不是折手指关节的全部内容。"哈哈,好玩又有趣。"实际上,根本没有任何东西被折断。骨头不会断裂,指关节也不会断裂。骨头之间也并没有摩擦。折指关节只是挤压和转移了关节内的液体。什么?

4个人里有1个人习惯折指关节。

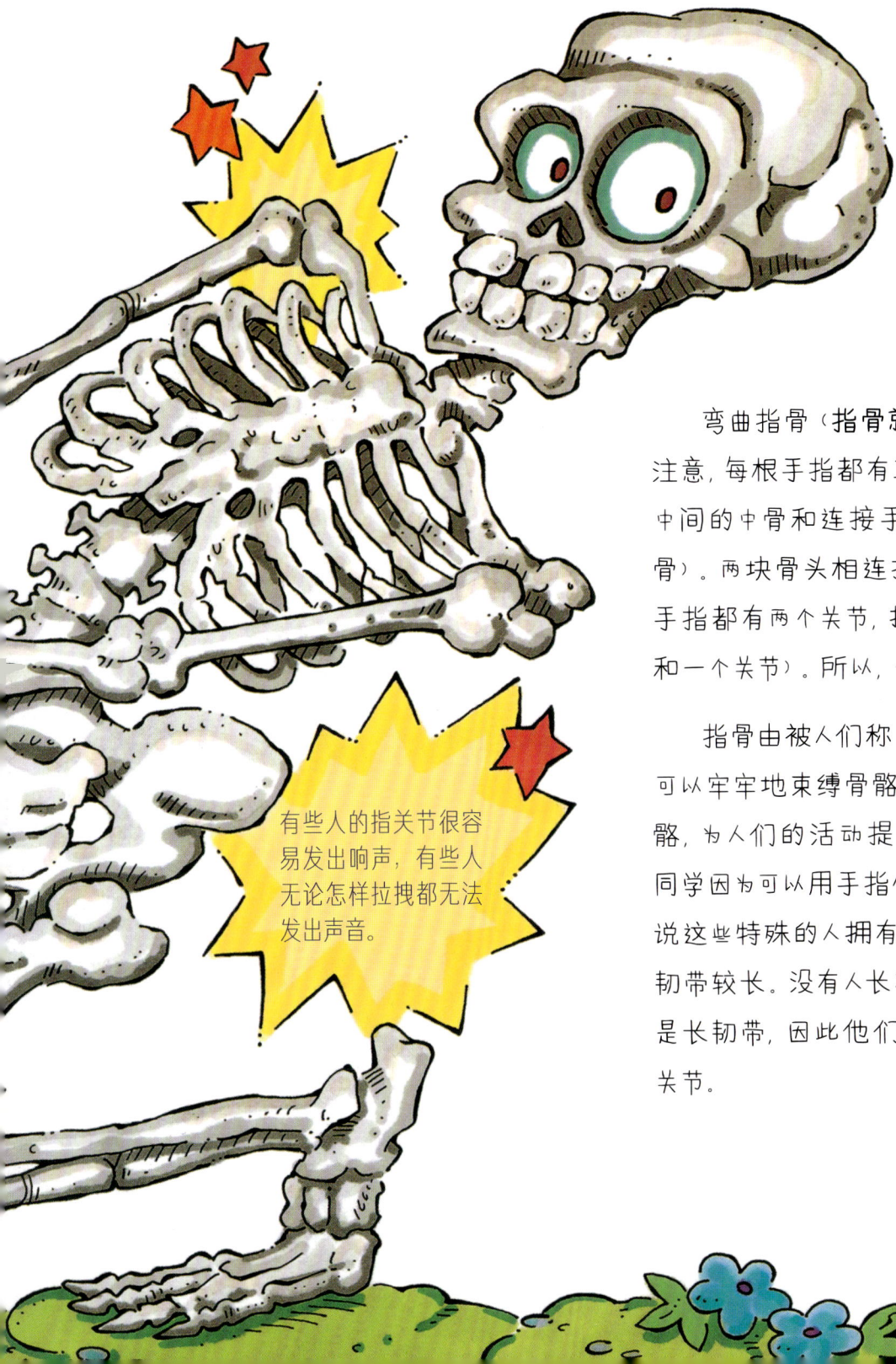

弯曲指骨（**指骨就是你手指的骨头**）时请注意，每根手指都有三块骨头：末端的小骨、中间的中骨和连接手掌的底骨（也称为3节指骨）。两块骨头相连接的位置称为关节。每根手指都有两个关节，拇指例外（只有两节指骨和一个关节）。所以，一只手有14节指骨。

指骨由被人们称为韧带的组织固定。韧带可以牢牢地束缚骨骼，也可以松散连接这些骨骼，为人们的活动提供空间。或许，你有一个同学因为可以用手指做奇怪的动作而闻名。据说这些特殊的人拥有双关节，但其实是他们的韧带较长。没有人长有双关节，他们所拥有的是长韧带，因此他们能够以有趣的方式移动关节。

有些人的指关节很容易发出响声，有些人无论怎样拉拽都无法发出声音。

韧带连接着活动关节的骨骼，但关节之间仍有空间。这些空间为关节腔，其中充满了液体。液体覆盖骨头的末端，滋养关节，杀死细菌，并清除骨骼因磨损产生的垃圾。这种淡黄色液体的外观和触感都与鸡蛋清类似，其中也有被溶解的气体，例如，应该呼出的二氧化碳。关节静止时，这些液体很黏稠，但关节移动时会变稀。

拉动手指会增加关节中两块骨头之间的距离，形成真空。如果你曾试过拔起吸盘，你应该知道内部真空是吸盘被牢牢固定的关键。空旷的空间让关节液中的气体变成气泡。那么，我们听到的声音是气泡爆裂发出的声音吗？

不，是更多的液体流入，关节快速回弹发出的咔嗒声！

听到令人满足的声响之后，指关节在之后的20～30分钟内无法再次发出声音。你可以尝试一下。这是因为剩余的气泡可以充当减震器，而且这些气泡需要几分钟才能溶入关节液并再次成为关节液的一部分。有些砰、咔和咔嗒声是肌腱和韧带被骨头卡住，然后极速回弹产生的声音。膝盖、脚踝和手腕可以演奏此类"音乐"。但是，这种

"音乐"没有人喜欢。你的妈妈有没有说过："不要再折手指了，否则你会得关节炎的。"下一次听到她这么说时，你可以告诉她无须担心。**按压指关节不会导致关节发炎。**虽然医生还无法完全确定导致关节炎的原因，但折指关节已经被排除了。另一方面，习惯性按压指关节会导致抓握力量相对较弱。不过，或许在妈妈身边时你应该暂停你的指关节"音乐"，因为这些声音可能会让她感觉厌烦。而且，如果过分招惹她，她可能就不给你买冰激凌吃了。

完美技巧

你需要： 你、你的手和胳膊。

步骤： 将你的手掌面向自己伸出。

单独摆动每根手指时，观察你的手腕。

注意到每根手指活动时手腕的变化了吗？每根手指都对应手腕的不同位置。多么神奇！这是怎么做到的？！

肌腱是其中的关键。肌腱是连接骨骼与肌肉的"绳索"，是我们可以用手指弹钢琴或抠鼻子的原因。现在，将手背对着自己，重复刚才的动作。看到手背上的肌腱了吗？

痣

辛迪·克劳馥脸颊上有一颗痣，很漂亮。玛丽莲·梦露的上唇也有一颗痣，并且很著名，多么可爱。有些人会在脸上特意画一颗痣，或者买假痣贴在脸上，也有人甚至种植永久痣。在18世纪的法国宫廷，痣是一种时尚，曾风靡一时。痣？是的。它们不是叫美人痣吗？好吧，美人痣只是一个好听的名字。

痣是皮肤斑点，是人类最常见的皮肤斑点。有些人的痣较少，有些人的痣则较多，但几乎每个人身上都有10～50颗痣。数数你身体上的痣。它们可能是粉红色、浅棕色、深棕色或黑色的，呈圆形或椭圆形。痣可以是身上凸起的肿块，也可以是扁平的斑纹，大小也不太相同。有的痣很可爱，有的却如同巫婆鼻子上巨大的如花椰菜一样的疙瘩那般丑陋。

Mole（痣）源自古德语词 meil，意思是斑点。

痣是成簇生长的**黑色素细胞**。黑色素细胞是一种遍布皮肤的微型细胞工厂，可以制造颜料，确定皮肤的颜色。每个人皮肤中的黑色素细胞数量都大致相当。相比黑色素较少的黑色素细胞，含有大量黑色素的色素工厂能够制造更深的肤色。如果黑色素细胞不产生色素，那么这个人可能患有白化病。色素聚集成的斑块被称为雀斑。不过，雀斑不是痣。

痣拥有一个非常有趣的生命周期。等等，痣是人体表面的斑点，而不是活的小动物，为什么会有生命周期？目前还不确定痣形成的原因，但与头发和眼睛的颜色类似，痣同样受遗传的影响。所以，如果你的痣很多，你可以"怪罪"于父母。百分之一的婴儿在出生时就有明显的痣，而且未来仍会长痣。不过，婴儿出生时，这些未来的痣可能还留在肌肉之中，或者尚未萌芽。

"美丽女人的标志。"美人痣可以成盒购买，然后贴在脸上以暂时获得人们认为的美丽。

随着我们的成长，痣也会增大。在我们小时候，痣刚出现时是扁平的斑点，类似雀斑；当我们变成了青少年，痣可能会凸起，而且可能长出更多新的痣。因此，青春期的我们不仅会迎来此起彼伏的青春痘，还会在身上添加许多"标记"。有些痣的表面甚至可能长有毛发。大约40年后，痣的颜色可能变淡，可能会形成软的圆球。通常，痣会一直伴随我们到生命的尽头。

由于痣会伴随我们很长时间，或许你应该了解一下。如果出现一颗新的痣，不要惊讶，因为痣会在任何时间和任何年龄出现。一个40多岁的男人可能在数月内长出数十颗痣。他对此很不满："唉，痣的入侵势不可挡！"

有些痣很糟糕、很可怕。痣有大约百万分之一的概率变成肿瘤。不过，容易发生癌变的痣通常不是常见的小圆痣，而是非典型的痣，形状奇特，表面凹凸不平。但是，即使是正常的痣也有癌变的可能。痣可能变成黑色素瘤，这是一种皮肤癌。如果发现了可疑的痣，请前往医院检查，医生可以发现并去除可能癌变的痣。

除了疾病，有些人也会单纯地因不喜欢而去掉某些痣。即使是美人痣，人们也有不同的感受。医生可以利用挖、电击、冷冻、激光、酸或化学腐蚀的方式去掉你不喜欢的痣。好棒！再见了，痣！

酸

皮疹

所有的荨麻疹都是皮疹。

但并非所有的皮疹都是荨麻疹。

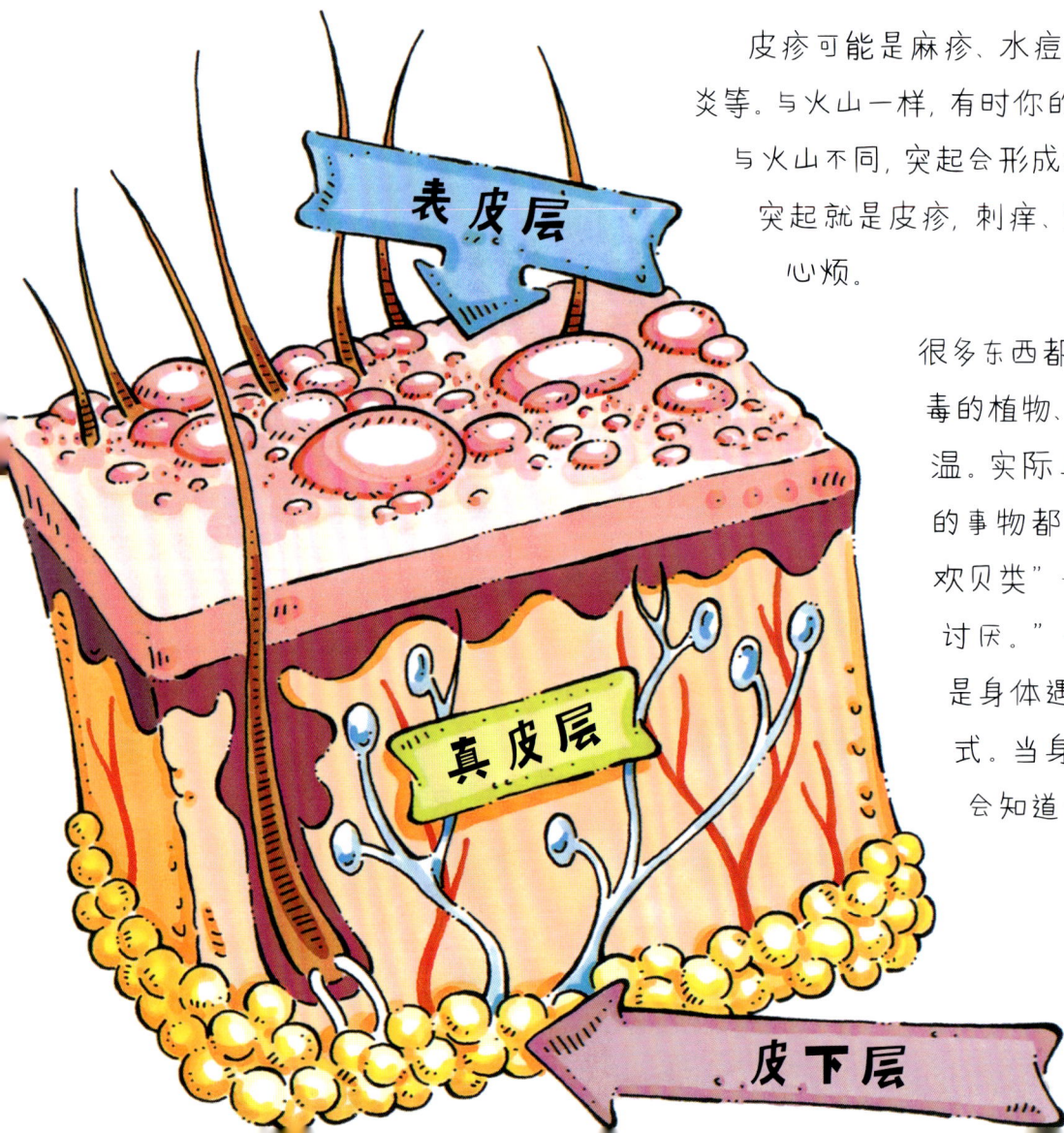

皮疹可能是麻疹、水痘、单纯的疱疹、头癣或皮炎等。与火山一样，有时你的皮肤会出现锥形突起；与火山不同，突起会形成红点、斑块或水疱。这些突起就是皮疹，刺痒、渗液，看起来恶心，惹人心烦。

很多东西都可能引发皮疹，例如，有毒的植物、病毒、真菌、过敏甚至高温。实际上，几乎所有身体不喜欢的事物都可能引发皮疹。"我不喜欢贝类"——皮疹出动。"猫毛，讨厌。"——皮疹时间到。皮疹是身体遇到烦恼时表达不满的方式。当身体受到刺激时，你一定会知道——痒，挠，抓。

表皮层

真皮层

皮下层

63

皮疹可以在皮肤表面形成不同的突起：与硬币大小相当且充满液体的大疱，一般由毒藤或皮肤刺激物引发；囊疱是较小且充满液体的疙瘩，例如，水痘或唇疱疹；荨麻疹以红白相间的独特水疱闻名。此外，还有斑片、痂和鳞疹等形象地描述了自身特点的皮疹。无论什么时候，你都可以找到最合适的一款皮疹。

但是，与美人痣一样，皮疹是"肤浅的"。可以说皮肤是一个有多层结构的器官，类似于生日蛋糕。我们看到的是皮肤的最外层——**表皮层**。表皮层实际上是一层死亡的皮肤，不怎么美味。表皮层下方是真皮层。真皮层布满了血管、神经、毛根和新的皮肤细胞。最后一层是**皮下层**。皮下层包括脂肪细胞、油脂腺和汗腺。

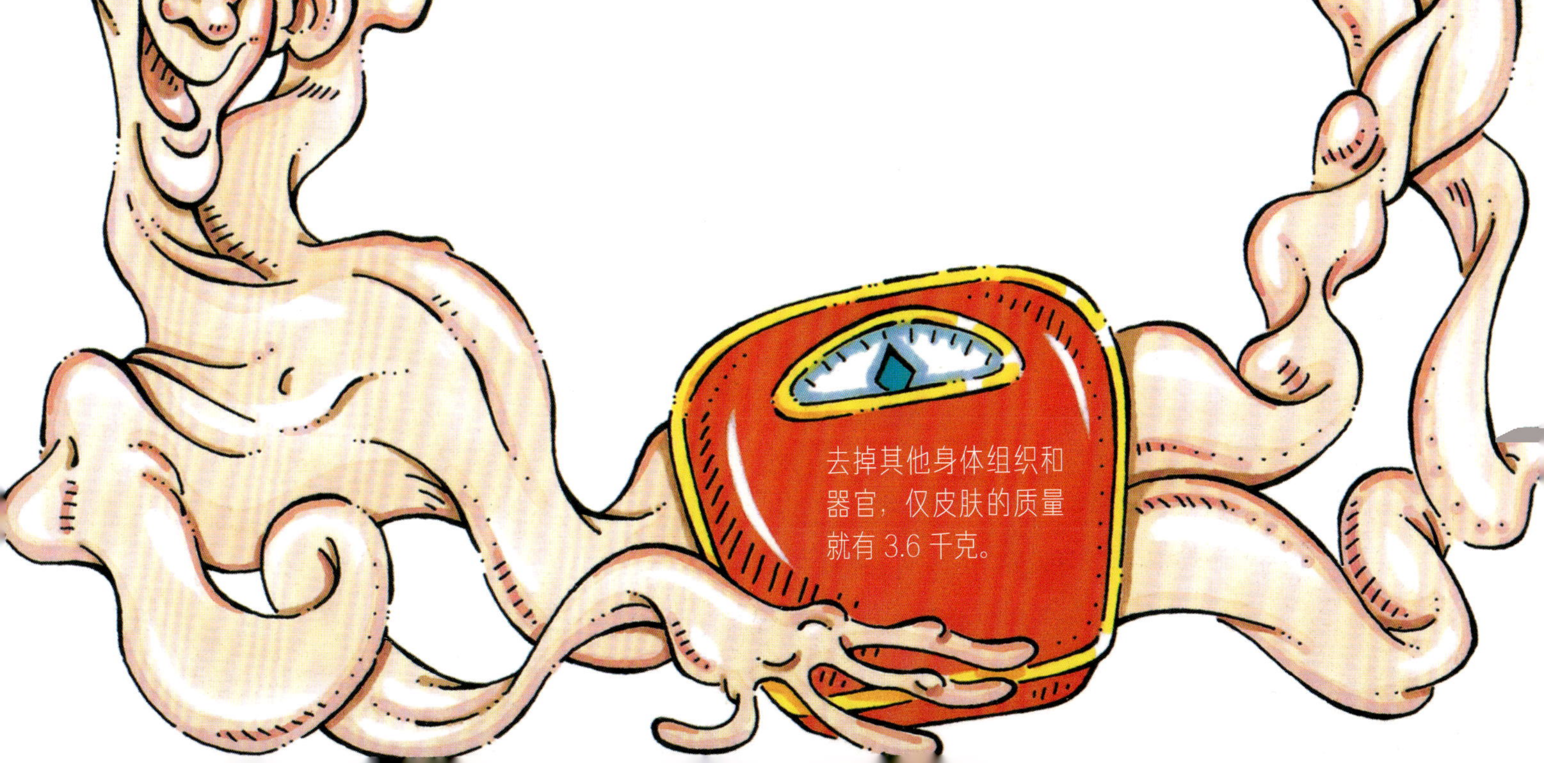

去掉其他身体组织和器官，仅皮肤的质量就有 3.6 千克。

不同类型的皮疹会出现在不同的皮肤层中。痱子属于表皮皮疹。高温会让我们出汗。通常，出汗可以帮助我们的身体降温，这是一件好事，但被困在表皮下方的汗水将刺激皮肤细胞。"出去，我们不喜欢你。"受到刺激的皮肤细胞将肿胀。肿胀，突起，痒。

荨麻疹是身体给人们发出的警告——过敏了。有些食品、药品、染料、洗涤剂、动物毛发、肥皂、香水和毒藤并不适合所有人。这种便捷的警告表示皮肤正在试图帮助身体缓解刺激。"别担心，皮肤来帮你！"

组织胺在皮肤下方的血管中流动，可以扩张血管。伟大的白细胞战士将闻讯而来，在皮肤遭受攻击的位置形成红白相间的隆起。然后，你将感觉发痒、灼热和烦躁。嘿，你的皮肤只是想帮忙。

住手！不要碰毒藤引发的水疱或者水疱内的液体，这会让皮疹扩散。然而，有些专家表示这不是真的。皮疹扩散的原因与水疱无关，主要是因为与皮肤接触的东西、衣服、鞋子、背包等沾染了毒藤植物的毒汁。坐在床上，脱掉沾了毒藤汁液的牛仔裤，洗个澡，然后再次坐在床上，换上干净的衣服。呃，不！几天后，你的屁股长出了水疱。水疱怎么会到那儿的？

有时，我们的身体会遭遇外来入侵者的攻击，例如病毒、细菌和真菌。这些入侵者可能会引发各种皮肤问题。唇疱疹会出现在口腔周围，你甚至无法遮挡这些恼人的肿块及滴落的液体。谢谢你，病毒，这都是你们的功劳。脸上结痂并渗出脓液的脓疱？这要感谢细菌。此外，我们还要感谢真菌，它们能够引发头皮癣这种斑块皮疹。真得谢谢它们。

无论哪种皮疹，你都不会愿意让它们出现在自己身上。不过，坏消息是你仍有可能得皮疹，好消息是皮疹可能自行消失。如果它们拒绝离开，你可以找医生开药，强制性地驱逐皮疹。现在，皮疹消失了。至少在它们下一次出现之前，你可以安心了。

舌头

鹦鹉的舌头粗且圆。

猫的舌头表面粗糙，狗的舌头长而潮湿，牛的舌头非常大，青蛙的舌头能够快速伸缩。人类的舌头扁平而且能够摇摆。

你可能从未想过你的舌头有多么恶心。走在街上，如果你在人行道上发现了一条舌头，你会惊呼："这条恶心的粉色肿块是什么？一端扁圆，向另一端逐渐变粗。呃，有一面几乎布满了小疙瘩。我可不想摸它。"然而，舌头却是人们生活必不可少的一部分：触碰你的嘴唇，上下移动来帮助发声，在口腔内搅动以帮助进食。舌头就像一条巨大的鼻涕虫一样生活在你的口腔中，似乎拥有自己的生命。

实际上，舌头是一大块肌肉，表面附着一层黏液。舌头是最灵活的人体器官。有趣的是，如果你是体操运动员或舞蹈家，人们会夸赞你十分敏捷。但是，在你违反课堂纪律说话时，老师从来不会夸赞你的舌头有多么灵活。

当你说"舌头"这个词语的时候，注意舌头的移动。对于这块灵活的肌肉来说，"舌头"是一个不错的词汇——只需说这个词就可以对其进行全面的锻炼。好吧，总体来说，舌头是一大块带黏液层的肌肉，其中布满了神经。神经可以帮助舌头扭动卷曲，以便你发音说话；也可以帮助你感知冷、热、光滑、粗糙、潮湿、干燥和疼痛。

女性的味觉优于男性。

有些人喜欢在舌头上穿孔。穿刺艺术家会要求这个人伸出舌头。有些人似乎知道疼痛即将来临，所以他们会将舌头缩回。穿刺者用钳子夹住这些"不听话"的舌头。"别担心，只是疼一下。"是的，确实如此。

68

黑化肥发灰，灰化肥发黑。

绕

红鲤鱼
与绿鲤
鱼与驴。

四是四，
十是十。

牛郎恋刘娘，
刘娘恋牛郎。

　　舌头通过舌系带（俗称舌筋）的薄膜被固定在口腔底部，舌系带从舌头中点位置一直延伸到后部。这层薄膜非常重要，可以防止你把舌头吞下肚。帮助吞咽是舌头最出色的能力之一。没有舌头，你可能根本无法吞咽。舌头会将食物卷成**食团**。吞咽时，舌头抬起，将食团推送到口腔后部，帮助食物进入食道。有些人的舌系带过短，舌头的运动受限，因此说话存在困难。医生可以剪断舌系带来帮助他们。哎哟！

口令

红凤凰、
粉凤凰，
红粉凤凰
花凤凰。

吃葡萄不吐葡萄
皮儿，不吃葡萄
倒吐葡萄皮儿。

八百标兵奔北坡，炮兵并排北边跑，
炮兵怕把标兵碰，标兵怕碰炮兵炮。

大兔子，大肚子，
大肚子的大兔子，
要咬大兔子的大肚子。

伸出舌头，观察舌头的表面。更好的方法是，让你的兄弟姐妹伸出舌头，观察他们的舌头表面。你可以发现，舌尖布满了小突起，大多数人将这些突起称为味蕾。然而，它们其实是乳突。

乳突（Papillae）的意思是小疙瘩，源自拉丁语。环绕每个乳突的是类似城堡护城河的沟。沿每道"护城河"边缘分布的才是真正的味蕾。每个乳突包含1～200个味蕾。在口腔中，唾液可以溶解食物，并从乳突流入"护城河"，与味蕾相遇。哇！你品尝到了比萨的味道。

英语中无须借助舌头发音的字母包括m、p、f和v。

实际上,我们的舌头只能识别5种不同的味道:苦、酸、甜、咸和鲜。舌头的不同位置对不同味道的敏感程度并不相同:舌尖对甜和咸更敏感,侧面对酸更敏感,后部对苦更敏感,舌头中央位置的味觉能力较弱。因此,要品尝比萨等食物,大脑和舌头会协作,将不同位置的味觉融合为味道。

控制舌头

你需要:

你和你的舌头。

步骤:

伸出舌头,用手指抓住舌尖。

读字母表,尽量不要动嘴唇。你念得怎么样?

抓着你的舌头,唱"玛丽有只小羊羔"或其他你喜欢的歌曲。

现在,抓着妈妈的舌头,让她唱"一闪一闪亮晶晶"。

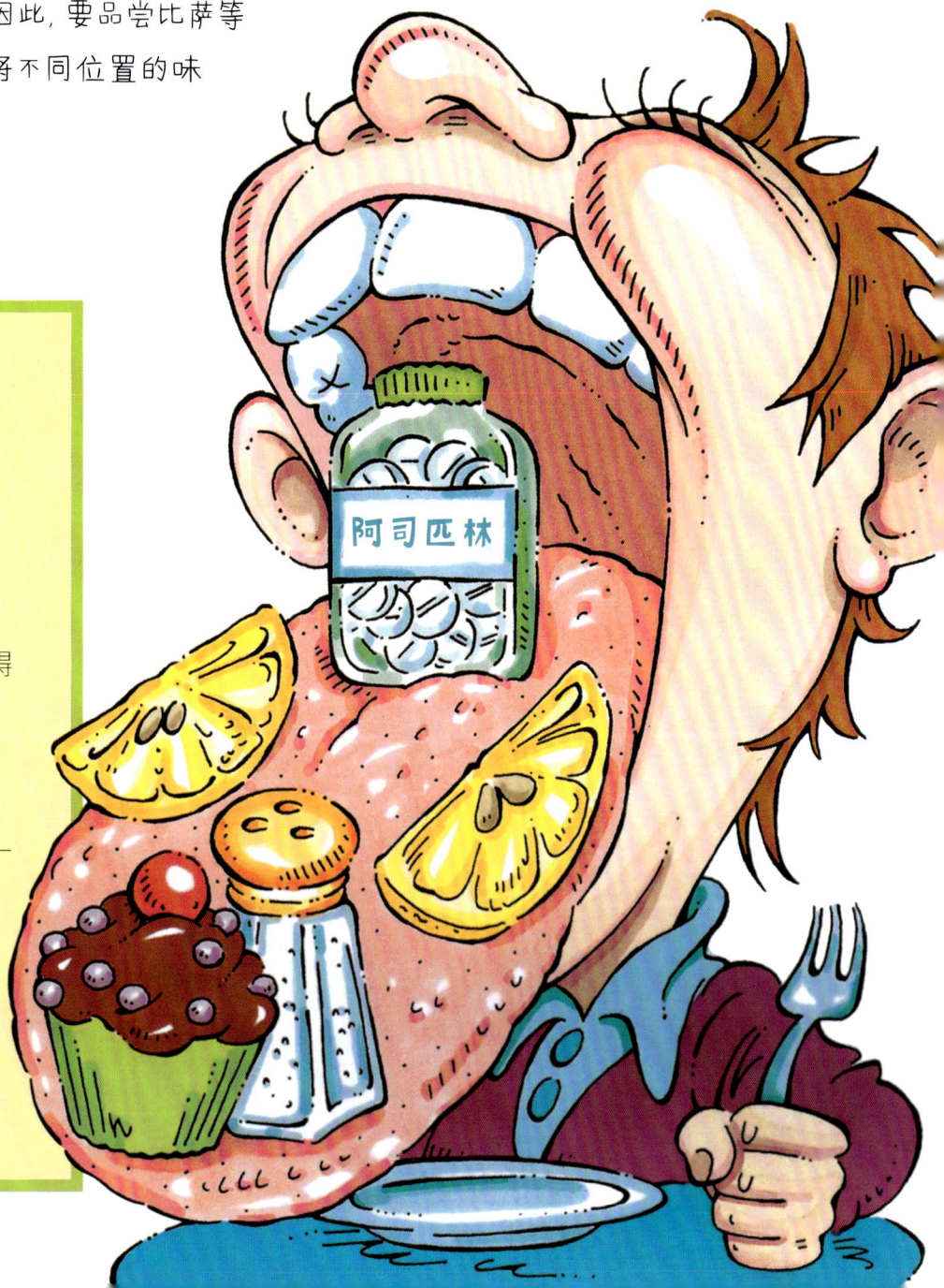

你有没有注意到，当鼻子堵塞时，你品尝到的食物味道会发生变化？鼻子和嘴可以协作品尝味道。我们头部的鼻子、嘴和喉咙之间通过一系列管道相互连通。烘焙花生酱饼干时，微小的饼干分子飘浮在空中，随着空气进入体内，经过舌头后部的味蕾。食物分子被溶解在唾液中，相当于你没有将饼干放入口中，但却吃到了饼干——好吃！空气饼干！所以，你可以"品尝"到饼干的气味。

美好的味道当然人人喜欢。但是，那些令人讨厌的味道呢？是的，以相同的方式，你也可以"尝"到那些气味糟糕的食物。实话实说，你肯定闻过小狗粪便的气味。也许你吃过某些难吃的东西，并且惊呼道："这就跟大便一样！"然后，你的表弟回应道："你怎么知道？你尝过大便吗？"你可以解释关于"品尝"气味和味道的原理，最后说道："所以，你也尝过便便。"无论如何，这或许能够让你的表弟安静一会儿。

味觉联系

你需要：
一块薄荷口香糖，以及你自己。

步骤：
洗手，然后打开口香糖。

用一只手紧紧捏住鼻子，隔绝所有气味。

用另一只手，把口香糖放入口中。

继续捏着鼻子，嚼口香糖8次。你品尝到了什么味道？

松开你的鼻子。哇！很美味。

如果听到有人说另一个人多嘴多舌，那并不是说他真的有很多张嘴和很多条舌头。多嘴多舌形容到处插嘴、搬弄是非的人。

静脉曲张

静脉曲张最常见于老年人。

静脉曲张？是的，描述为"非常紧密的静脉"可能更准确。好吧，想一想，非常紧密的静脉，但却称为曲张。静脉曲张的英文varicose源于拉丁文varix，意思是扩张的静脉。有趣的是，英文中与血液相关的词语很多都包含字母"v"，例如，静脉（vein）、脉管（vessel）、血管（vascular）、瓣膜（valve）和静脉曲张（varicose）。静脉曲张源于虚弱（功能不全）的血管瓣膜。

如果你的亲人患有静脉曲张，你可以请他们给你看一眼。如果他们向你展示了曲张的静脉，请在心中默默地说："天啊，好恶心。我希望我不要得这个病。"但嘴上要说："谢谢，祝你早日康复。"大多数时候，人们不喜欢展示自己曲张的静脉。所以，如果你在沙滩遇到了一位患病的老人，或许你可以偷偷地观察一下。

静脉是循环系统非常重要的组成部分。基本上，该系统由一个泵和一堆管子组成：泵是你的心脏，管子则包括动脉、毛细血管和静脉。

动脉将富含营养和氧气的血液从心脏输送到身体各个部位。心脏推动血液完成自己的旅程。把手指搭在手腕的动脉上，你可以感受到动脉血液的流动。动脉变得越来越细，最终只能一次通过一个血细胞，于是动脉变成了毛细血管。送出携带的所有氧气和营养物质之后，血液必须回到肺部再次"装货"。静脉是血液回归心脏的路线。现在，心脏提供的所有动力都已经消失了。静脉的血液移动缓慢。在心脏上方，血液可以借助重力在静脉中移动；在心脏下方，静脉中的小单向阀可以防止血液回流并在脚踝位置聚集。

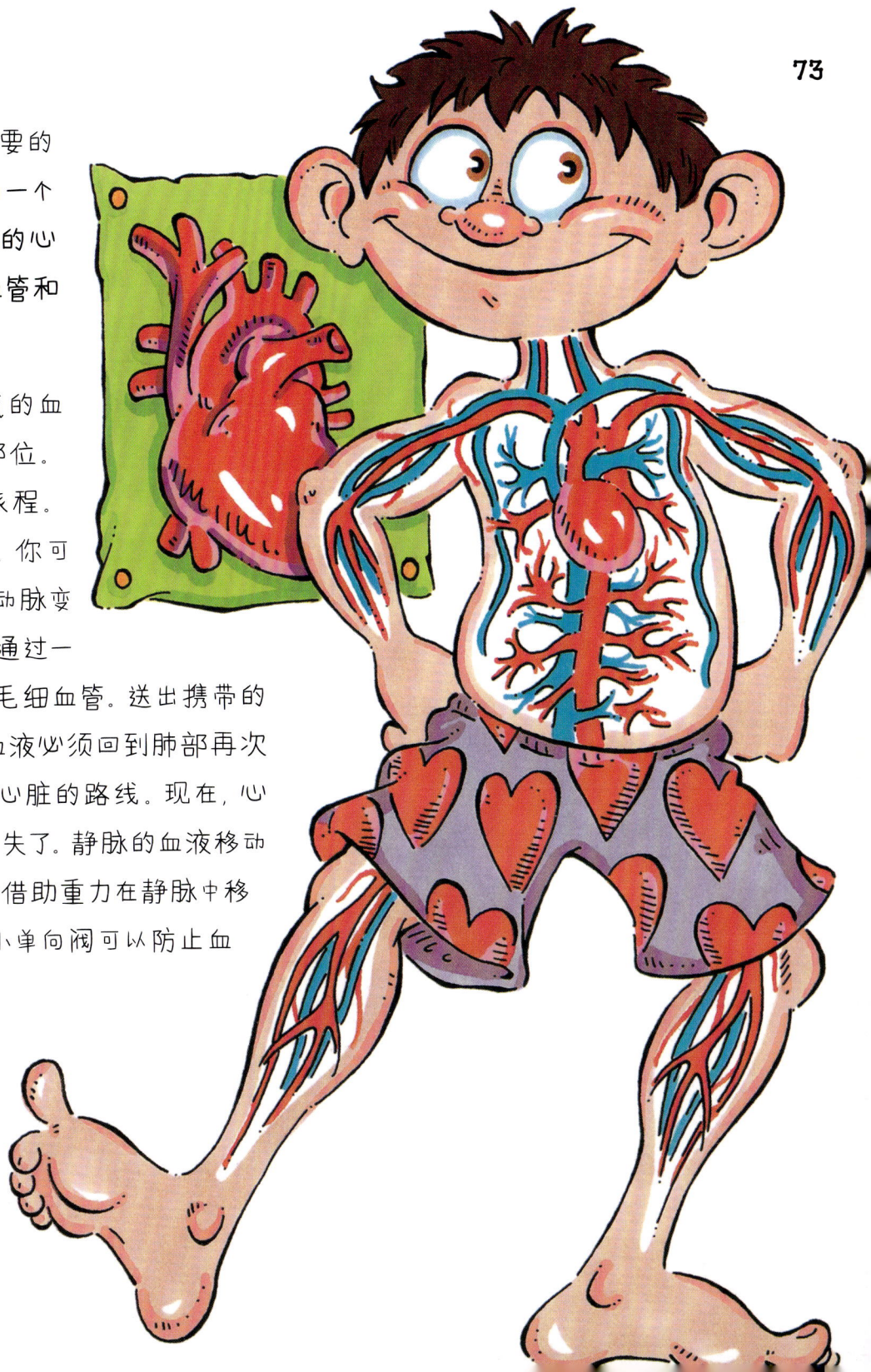

静脉的管壁薄而脆弱。持续输送血液多年之后，静脉会变得松弛。现在，扩张的静脉必须携带更多血液。

部分血管的单向阀可能无法再次关闭。血液回流并在静脉的某个区域汇集，在皮肤下方形成突起。

更糟糕的是，该区域周围的液体会加剧肿胀，静脉曲张将由此形成 —— 它们让人感觉不适，而且不美观。大约1/5的成年人患有静脉曲张。如果你的祖父母患有静脉曲张，那么你得病的概率会很高。超重或经常站立的人，其静脉更容易出现问题。孩子们几乎不会出现静脉曲张，因为他们的静脉完好无损。

可怜而又疲惫的静脉血管。

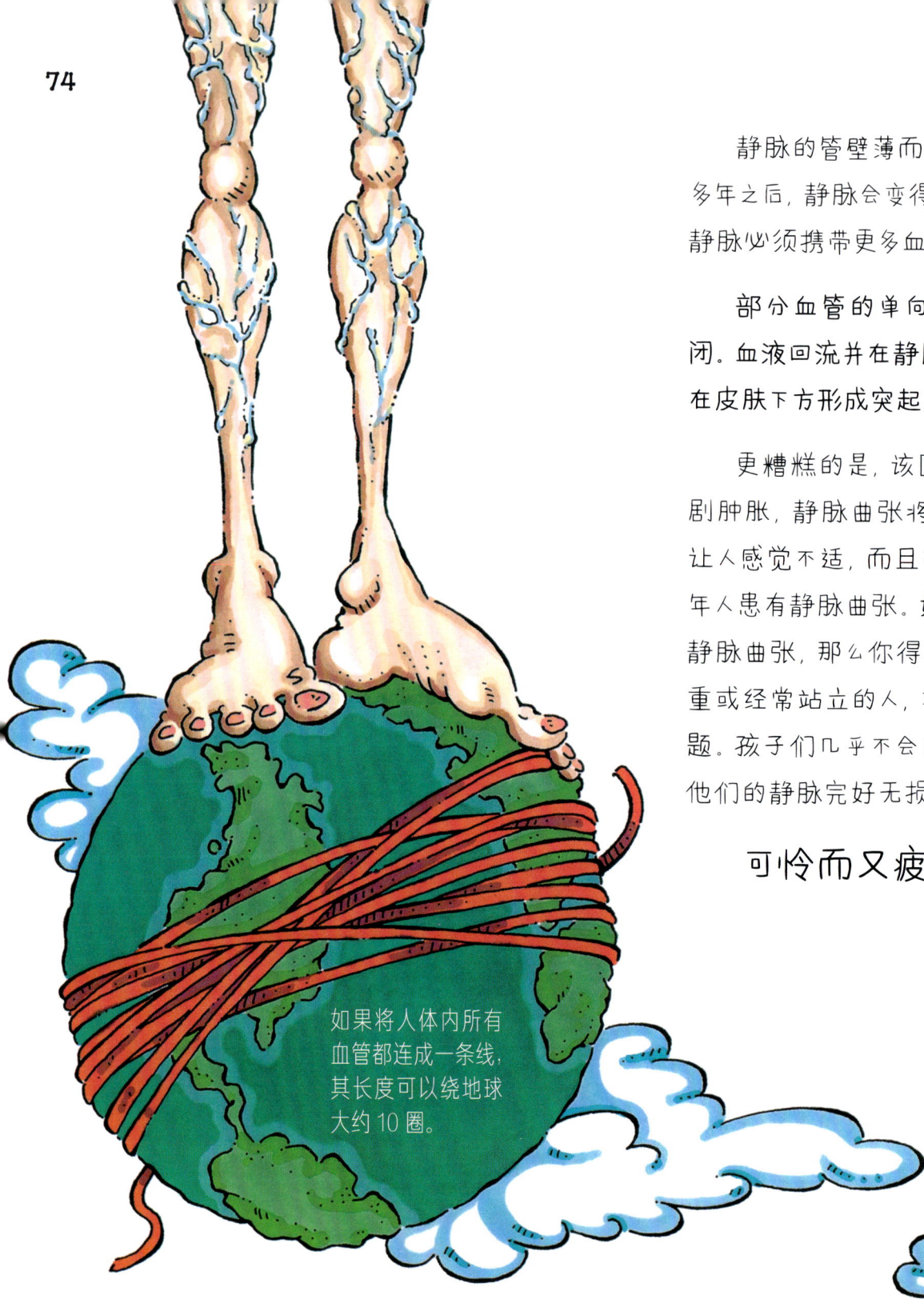

如果将人体内所有血管都连成一条线，其长度可以绕地球大约10圈。

静脉的外壁

这些血管变丑了!

血管增补

静脉曲张乳霜

观察静脉

你需要： 你的舌头，一面镜子。

步骤： 确保镜子所在的房间光线充足。用舌头触碰口腔上壁，然后用力地将舌头向外推。从镜子中观察舌头。现在，你看起来很傻，但你要注意的是舌底侧面的血管。细小的是毛细血管，红色的血管是动脉，粗蓝色血管是静脉。你看到了多少条静脉？现在，观察你兄弟姐妹的舌头底侧。它们看起来都一样吗？再观察父母的舌头，你有什么发现？

维系生命的静脉

消失吧，静脉!

奇怪，静脉不见了!

　　有些人服用使用七叶树的果实制成的药丸来治疗静脉曲张。神奇的静脉曲张的治疗方法比比皆是，因为实际治疗方法非常可怕。例如，某类手术治疗法需要沿静脉开刀，并用手术钩将静脉钩出。**静脉剥脱疗法**听起来就让人毛骨悚然。医生通常在腹股沟和小腿部位打开切口，然后把长长的腿静脉打结并从腿部拉出。"哇，好可怕！" **硬化疗法**则是向静脉注射药物，以封闭血管并使血液的流动停止。随着时间的推移，静脉会收缩并消失。许多人选择使用医疗弹性袜。医疗弹性袜并不是治疗方法，只能缓解静脉曲张引起的疼痛。

疣

嗯，承认吧，你长了一颗 —— 疣！

"疣"这个词听起来就让人觉得不舒服。疣是一种类似小花椰菜的丑陋的增生物，生长在皮肤表面。丑陋是必然的，除非你是雄性疣猪。雄性疣猪是生活在非洲部分地区的一种动物，长有獠牙。雄性疣猪的脸颊，以及眼睛与獠牙之间都长满了疣。谁也不知道为什么雄性疣猪长那么多疣。或许雌性疣猪喜欢长着最大和最多疣的雄性。

疣在雄性疣猪的面部更常见，而人类的疣通常出现在手背、手指、肘部和脚上，但它们其实几乎可以在任何地方生长。故事书中的巫师和地精长着鼻疣。不过，鼻疣可不常见。

假疣

你需要：
燕麦、可可粉、
面粉、水、勺、小碗、
牙签和食用油（可选）。

步骤：
用勺取两勺燕麦放入碗中。

加一勺面粉，再向混合物中加入两勺水，并搅拌均匀。

用勺研磨燕麦。混合物应呈黏稠的糊状，如果没有达到这种状态，就再加一点儿水。加入少量可可粉并搅拌，直到糊状物与皮肤的颜色相匹配。

燕麦不会改变颜色。在身上选择放置假疣的部位。用手指捏出少量的糊状物，放在计划"长"疣的部位。用牙签调整糊状物的形状，直到它看起来和疣一模一样。记住，疣的表面并不平滑。如果你愿意，在表面薄薄地涂一层食用油，为疣涂一层釉。

骄傲地"带"着你的疣，直到有人注意并说：**"哎呀！你和蟾蜍亲亲了吗？"**

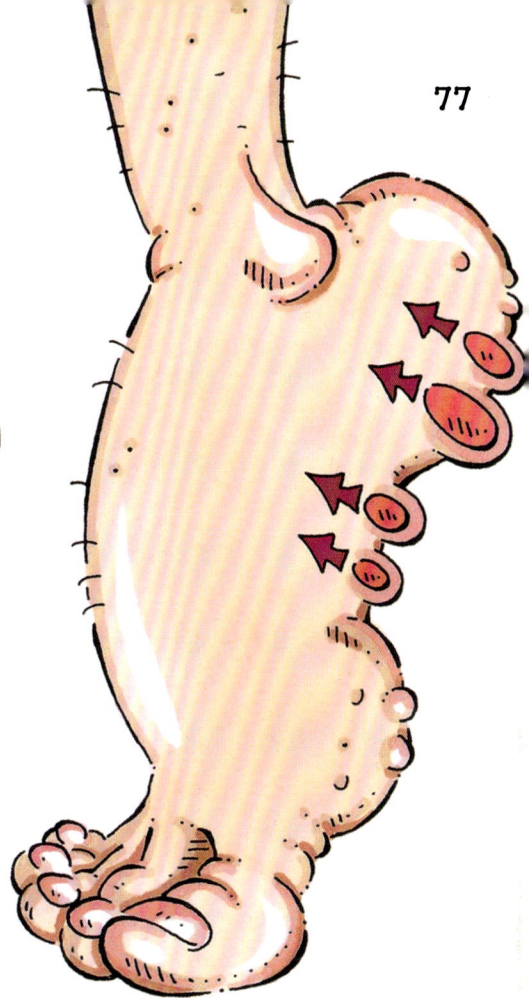

同冰激凌一样，疣也有不同的类型。疣通常不会带来疼痛。不过，有一种足底疣长在足底，会引发疼痛，因为站立和行走的压力会迫使疣向内生长，而不是向外生长。每走一步都可能会带来痛感。哎哟！哎哟！

人们一度认为蟾蜍是疣出现的原因，但它们其实是无辜的。"嘿，别捡那只蟾蜍，否则你会长疣的。"蟾蜍或许是传播这个谣言的始作俑者，因为这可能会让人们远离自己。疣实际上是病毒作用的结果。病毒是一种微生物，触碰存在病毒的地方就会让皮肤表面沾染病毒。皮肤沾上病毒之后，疣病毒会在适合的部位生存和繁殖，形成微小的肿块。我们无法用肉眼发现病毒，所以很难注意到它们。但是，触摸疣和赤脚走在生存着疣病毒的地板上，例如，公共更衣室或淋浴间，我们都可能沾染疣病毒。所以，不要抚摸朋友身上的疣，或者在可能存在疣病毒的区域赤脚走路。

历史上治疗疣的愚蠢的方法

1. 用鹅卵石摩擦疣，然后把鹅卵石扔进坟墓。

5. 用骨头摩擦疣，然后把骨头放回拾取的位置。放下骨头，转身离开，不要回头。

愿灵安息

4. 撬一根棺材钉。用棺材钉刮擦疣，直到出血。

2. 用黑羽鸡的血擦拭疣。

3. 用死人的手摩擦疣。

等待足够的时间之后，大多数疣都会自行消失。有的疣会持续数周时间，有些顽固的疣可能存在数年时间。你可以尝试使用从药店购买的去疣软膏，但大多数软膏的作用都有限（或者，你可以用多层胶带覆盖疣一周时间，然后在第7天取下。晾12小时后再覆盖一周时间）。

如果这些都不起作用，你可以去看医生，以便切除肿胀且疼痛的疣。外科医生或皮肤科医生都非常乐意帮助你切除足底疣。

通常，医生会利用液氮冷冻、低电压电击或酸灼烧的方法祛除疣。

这些治疗方法听起来比长疣还要可怕。

6. 将一颗弹珠从左肩向后扔，不要回头看弹珠的落点。

10. 为你身上的每一颗疣种植一粒豌豆，疣就会消失。

9. 将一个洋葱切成两半，然后用洋葱擦洗疣。将两半洋葱合拢并埋入土中。当洋葱腐烂时，疣就会消失。

7. 数数你身上的疣，然后按一颗疣一分钱的价格向别人付钱，疣就会脱落。

8. 假装把疣卖掉，然后把钱收起来，不要花这些钱。

豌豆

脏脏的科学

重口味的动物们

[美]西尔维娅·布兰芝 著

[美]杰弗·基利 绘

陈彦坤 马巍 译

电子工业出版社
Publishing House of Electronics Industry
北京·BEIJING

本书中文简体版专有出版权由Penguin Workshop授予电子工业出版社，未经许可，不得以任何方式复制或抄袭本书的任何部分。

版权贸易合同登记号　图字：01-2020-2354

图书在版编目（CIP）数据

　脏脏的科学. 重口味的动物们／（美）西尔维娅·布兰茨（Sylvia Branzei）著；（美）杰克·基利（Jack Keely）绘；陈彦坤，马巍译. --北京：电子工业出版社，2021.11
　ISBN 978-7-121-41861-7

　Ⅰ.①脏… Ⅱ.①西… ②杰… ③陈… ④马… Ⅲ.①科学知识—儿童读物 Ⅳ.①Z228.1

中国版本图书馆CIP数据核字（2021）第172223号

责任编辑：张莉莉　特约编辑：刘红涛
印　　刷：北京利丰雅高长城印刷有限公司
装　　订：北京利丰雅高长城印刷有限公司
出版发行：电子工业出版社
　　　　　北京市海淀区万寿路173信箱　邮编：100036
开　　本：889×1194　1/12　印张：20　字数：272.25千字
版　　次：2021年11月第1版
印　　次：2021年11月第1次印刷
定　　价：180.00元（全3册）

　凡所购买电子工业出版社图书有缺损问题，请向购买书店调换。若书店售缺，请与本社发行部联系，联系及邮购电话：（010）88254888，88258888。
　质量投诉请发邮件至zlts@phei.com.cn，盗版侵权举报请发邮件至dbqq@phei.com.cn。
　本书咨询联系方式：（010）88254161转1835，zhanglili@phei.com.cn。

温馨提示：

书中的小实验请在家长的帮助或指导下进行。

目录

脏脏序言

"简直无法相信，我看到的这种生物太恶心了。"

"是吗？跟我讲讲。我也见过很多奇怪的东西。"

"嗯，首先，他们的宝宝都很大，至少是我们的10倍。而且，他们几乎没有毛发。是的，覆盖全身的是皮肤，只有几个特定部位长有毛发。"

"听起来很奇怪。"

"还有，他们在一个特殊的地方大小便，这没有问题。但是，他们所有人都去同一个地方排便。真是奇怪。一个先去，然后另一个在后面排队，等着去同一个地方排便。"

"咦？"

"他们身上会散发出糟糕的味道，而且他们自己也知道。他们全身都会出汗，然后他们用蜡、植物、粉末和油脂等东西擦拭身体，来掩盖气味。不过，有时候涂抹东西只会让他们闻起来更糟糕。"

"哇，我要马上把这些告诉我的表弟。"

"看！过来了一个！他们可能非常凶猛。我要出去了。"

"好，我们走吧。"

薯片

如果动物可以说话，它们可能会像上面这样讨论人类某些奇怪而恶心的习惯。但是，它们不会人类的语言。所以，只有人类会说："呀，鼻涕虫！""呃，虫子！"如果动物可以阅读和写作，它们或许可以出版一本关于人类的百科全书。但是，它们做不到。本书将重点介绍那些从人类视角看起来恶心的生物：水蛭、蛞蝓（鼻涕虫）、虱子、黏菌、人类。

　　嘿，你的列表里怎么还有人类？作为未来的脏脏科学家，你很快就知道原因了。

呕吐物吞食者
苍蝇

早餐来了！

吸溜。

呕吐之后，你可能不会立刻跑去拿勺子（再次吃东西）。

"呕！"

不过，对有些动物来说，呕吐是一种生活方式。呕吐物吞食者的领导是家蝇。

嘿，我刚赶走了抢我三明治的一个家伙！不过，它尝过了你的三明治，可能在上面留下了呕吐物。呕！

吐，吸，吐，啜。

想象一下，如果你只吃呕吐物会怎么样？虽然听起来感觉不舒服，但如果不是接连不断地吃呕吐物的话，家蝇可能无法生存。它们可能会被饿死。

苍蝇四处飞，寻找乐趣（对于苍蝇来说，吃美味的食物就是最大的乐趣）。苍蝇在这里或那里停留，然后用脚品尝美味。

嗡嗡嗡！停，伸脚，品尝，不好吃。

嗡嗡嗡！停，伸脚，品尝，不好吃。

嗯，好吃，巧克力曲奇饼干。

你正准备吃掉芝士三明治，之后吃掉你的巧克力曲奇饼干。苍蝇发现了这块甜点，开始向你的饼干俯冲，然后用它海绵状的唇瓣在你的饼干上吐"口水"，并啜食饼干"汤"。你吃完了芝士三明治，苍蝇同样吃够了饼干"汤"并飞走了。你咬了一口混合了苍蝇呕吐物的巧克力曲奇饼干，问道："这块饼干比平时好吃，为什么它的味道有点儿不一样呢？"

选择这种粗鲁的进食方式并非苍蝇的本意，因为它们没有牙齿或咀嚼式口器，只能摄取液态食物。遇到美味的固体食物时，苍蝇会将胃部消化液吐在食物表面，消化液中的化学物质将固体食物溶解成液态。然后，苍蝇用口器舔吸液体食物进食。

如果不是黏糊糊的脚，苍蝇的这种进食方式可能也没有那么糟糕。黏糊糊的脚？苍蝇的脚由爪子和爪垫构成：爪子可以让它们在桌子上行动自如，爪垫能够让它们倒挂在天花板上。爪垫上还有可以分泌黏液的毛。苍蝇喷出黏液，需要移动时再拔出脚。随着它移动黏糊糊的脚，不速之客（细菌）就会出现。人们曾进行一项科学研究，让一只苍蝇在明胶板上"行走"。数天后，苍蝇"走"过的位置就会出现白色的印迹，这些白色的印迹正是由滋生的细菌组成的。

实际上，如果不是腿上的毛，黏糊糊的脚可能也没有那么糟糕。毛茸茸的腿？苍蝇通过脚和腿品尝味道。腿和脚上的毛扮演着人类舌头的角色。一只苍蝇落在一只死鸽子身上，它用腿和脚上的毛擦过表面。如果表面看起来可以食用，苍蝇将探出口器开始吐"口水"。

"好的！鸽子大餐！"

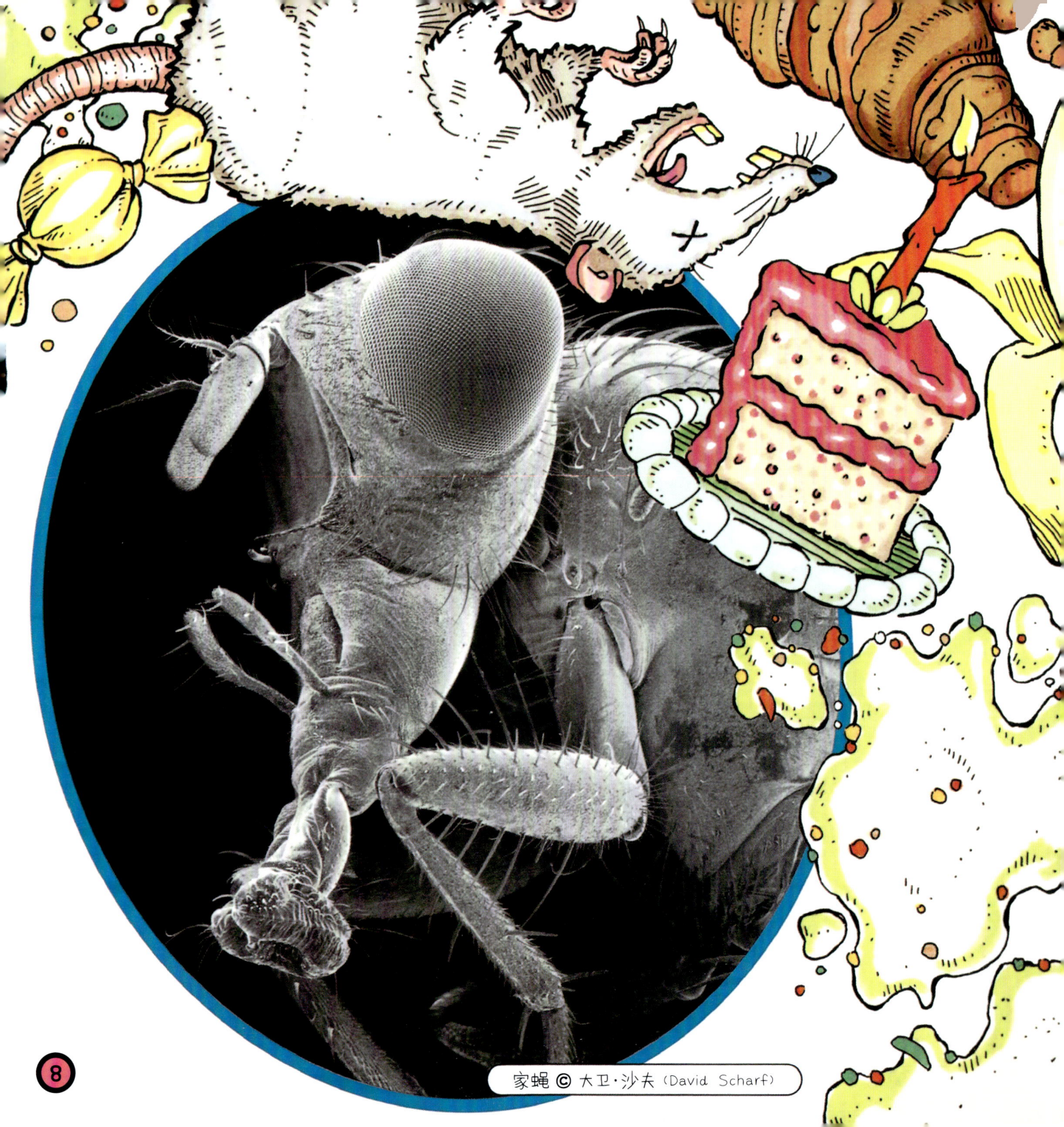

家蝇 © 大卫·沙夫（David Scharf）

或许你曾看到过一只家蝇在家里不停地飞来飞去，在不同的地方短暂停留，在厨房里挨个品尝。通常，它会停在有糖洒落的地方并进食，因为它的味觉器官对糖非常敏感。我猜，你会说苍蝇有一只甜甜的脚。但是，这些毛也会沾上脏东西，例如细菌和其他微生物。黏糊糊的脚和毛茸茸的腿都不是问题，真正的问题在于苍蝇从不挑食，它们可以在数天内飞行近24千米，一路品尝。谁知道它们遇到过什么呢？

嗡嗡嗡！香蕉，嗯，好吃。吐，吮吸。

嗡嗡嗡！牛粪，嗯，舔舔，吃点儿。

嗡嗡嗡！腐烂的死老鼠，呕吐，尝尝，嗯嗯。

嗡嗡嗡！我最喜欢的生日蛋糕，俯冲，啜吸。

"走开，离开我的生日蛋糕。有人想再来一块吗？"

人们以414只家蝇为研究对象曾发现，一只苍蝇身上平均携带了125万个细菌。如果一只苍蝇落入你的汤中，你根本无法确定它去过哪儿，或者它吃过什么。它的爪垫和腿毛可能沾上了许多微生物。此外，苍蝇呕吐时会吐出少量的上一餐残余的食物。如果它上顿吃的是狗屎怎么办？呃，这个确实有可能。

大多数苍蝇携带的不速之客都是无害的，但大多数并非说的是全部。为了确保你不会因为苍蝇而生病：

- 在苍蝇飞舞的季节，用盖子盖住食物，不要将食物暴露在苍蝇可以直接接触的地方。
- 清理所有可能吸引苍蝇的粪便。
- 为门窗添加纱网。
- 清理房屋周围或院子里的垃圾。
- 如果发现苍蝇落在了食物上，把苍蝇品尝过的位置扔掉。

黄蜂可以捕食家蝇。有些早期的美洲移民曾通过在家中悬挂大黄蜂的巢来对付家蝇。

企鹅 ©M.菲尔·卡尔 (M. Phil Kahl) /DRK photo

鸟类

如果你是一只企鹅宝宝，至少这种方法很有效。

许多慈爱的鸟类妈妈和爸爸，例如鸽子、雀类和鹭类，都会用呕吐物喂养饥饿的雏鸟。其他鸟类，例如海鸥，会将呕吐物铺满巢穴，任由雏鸟挑选，而且无须操心清理工作。

幼鸟以父母吞下肚但没有完全消化的食物为食。这些未被消化的食物被称为反刍物。实际上，反刍吐出的食物并非来自胃。鸟妈妈吞咽下去的食物会从喉咙进入一个叫作嗉（sù）囊的储存袋中。回到巢中，鸟妈妈将嗉囊中储存的食物吐出来。这是一个非常棒的技能，因为它们没有橱柜或冰箱来保存食物。

这种令人反胃的喂食行为非常适合鸟类。雏鸟需要大量进食，每天甚至可以吞食与自己体重相当的食物。相比正常衔回食物的鸟类，反刍喂养雏鸟的鸟类可以减少往返觅食的次数。因此，反刍吐出的食物甚至比衔回两只虫子更好。此外，和分享蟋蟀相比，鸟类父母在雏鸟之间可以更方便地分享反刍食物。雏鸟长大后，父母就不会再提供反刍食物。

"还记得我们小时候，妈妈和爸爸经常给我们吃的那些吐出来的虫子吗？我真的很想念那些。"

海鸥的喙上有一个红点。当小海鸥饿了的时候，它们就会啄这个红点。然后，亲鸟就张开喙给雏鸟吐出它们的大餐。

11

反刍动物

反刍 嚼 反刍 嚼 反刍

"那么，你在忙什么呢？""哦，只是坐着反刍咀嚼。"

是的，这就是一头牛的生活。实际上，反刍是牛、山羊、骆驼、鹿、羚羊和绵羊生活中的重要工作——吃草、反刍、咀嚼反刍的呕吐物。一头牛每天要花大约9个小时来咀嚼反刍物。

反刍是很棒的技能。反刍动物可以将食物"打包"带走以便慢慢享受，无须深夜寻觅食物来填饱肚子。肚子饿了，只需反刍一些食物并再次咀嚼就够了。方便并不是反刍动物反刍食物的原因，真正的原因是它们无法以任何其他方式消化这些食物。反刍动物多为食草动物，也就是说它们大多吃草。如果采用类似人类的消化系统，食草动物就不能分解消化吃下去的食物，它们可能会持续胃痛。于是，它们通过分隔胃部解决了这个问题。

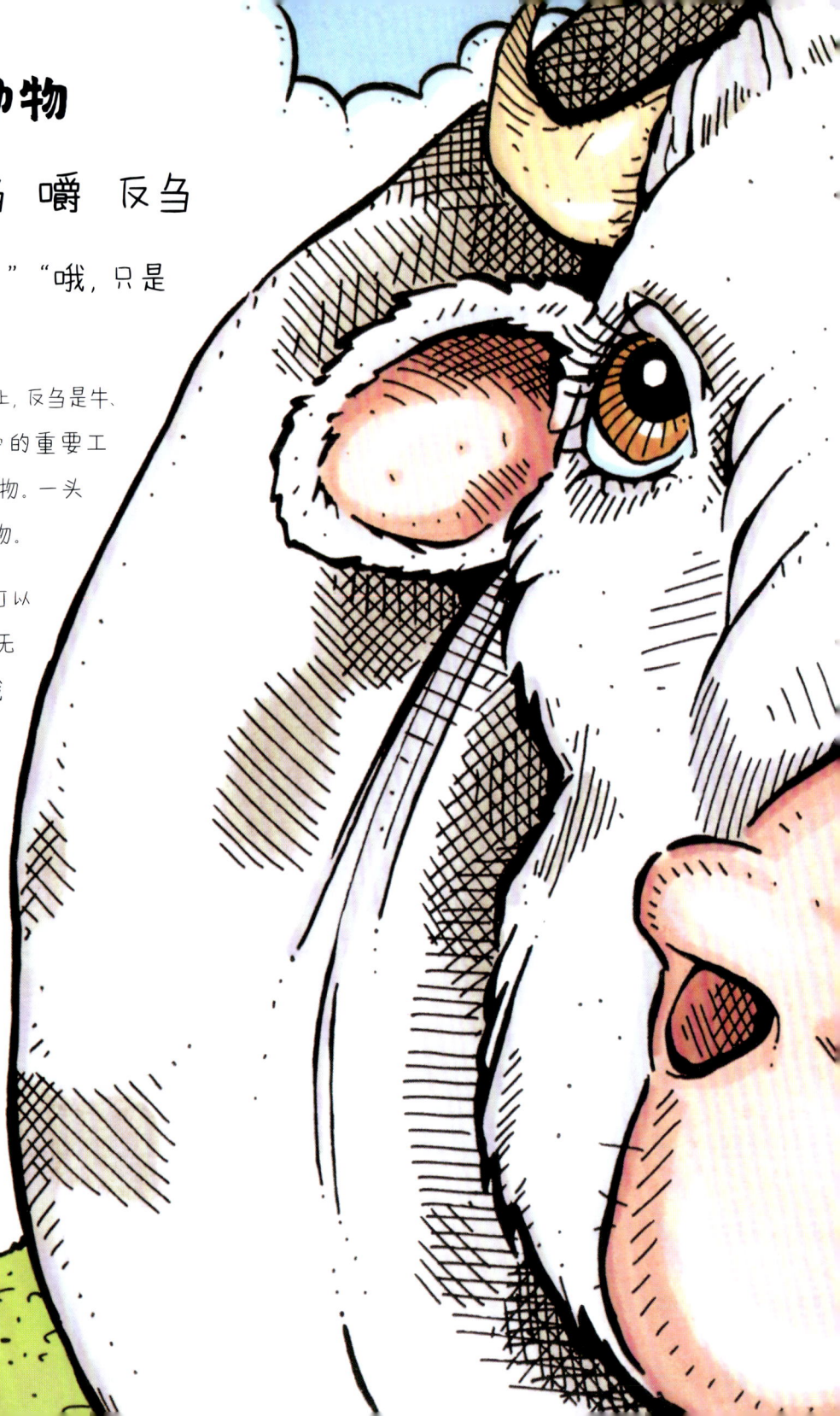

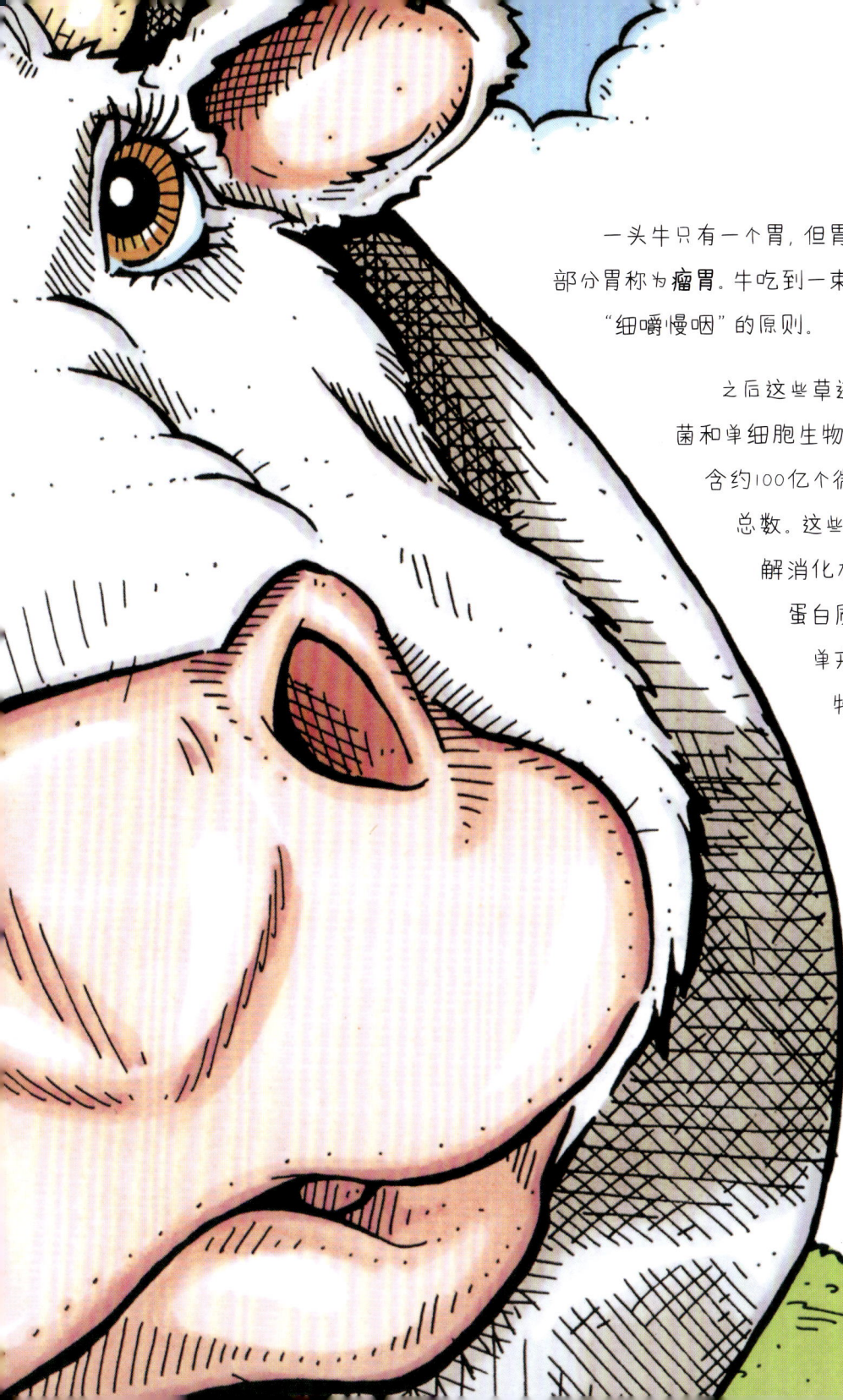

一头牛只有一个胃,但胃分为四部分。所有反刍动物的第一部分胃称为瘤胃。牛吃到一束草,会囫囵着吞下去。它们并不遵循"细嚼慢咽"的原则。

之后这些草进入牛的瘤胃。瘤胃中生活着大量细菌和单细胞生物等微小生物。瘤胃的每一滴胃液包含约100亿个微生物,超过了生活在地球上的人口总数。这些微生物帮助牛或山羊等食草动物分解消化植物纤维,将植物纤维转化为糖和蛋白质,同时也会产生醋酸和其他酸。简单来说,细菌可以"腌制"和"加热"植物,形成美味的炖腌草。

有一种肠道细菌还会产生大量的甲烷气体,让牛和其他反刍动物频繁地打嗝、放屁。

放屁

要概括描述动物的反刍，你可以说："吃下去什么，就会吐出来什么。"第一次进食数小时之后，牛会将混合了很多微生物的碎草团吐出，开始第二次咀嚼。反刍的呕吐物也被称为食团。

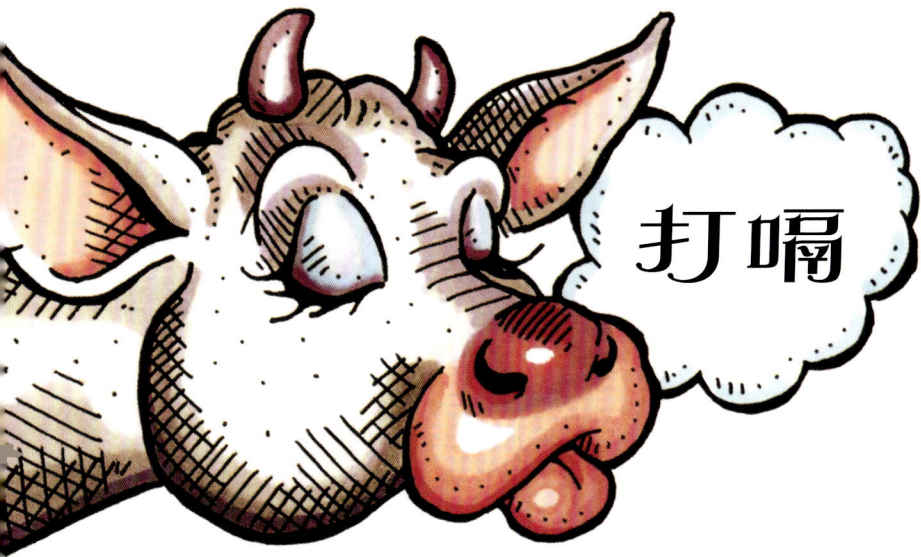

打嗝

牛的胃相当于9个人类的胃那么大。

现在，真正的咀嚼开始了。食团混合了大量的唾液。人每天可以分泌约1升唾液，绵羊或山羊每天分泌多达15升唾液，而牛每天分泌的唾液最多，可达近200升。唾液可以帮助分解食团，而且碱性的唾液能够中和反刍物中的部分酸。

牛将彻底咀嚼的反刍物重新吞下肚。现在，糊状物进入另一个胃袋，以便化学物质消化二次咀嚼的食物。这些化学物质也可以消化食团中的微生物。这些微生物实际是反刍物的重要组成部分。接下来的消化过程与其他动物相似：从胃到肠，再到结肠，最终经肛门排出——噗！

为了帮助消化木头，白蚁的胃中也生活着微生物，而肠道微生物产生的甲烷也会刺激白蚁放屁。

是的，白蚁也有肠胃胀气问题。

15

海星

用下面的内容测试那些自认为知识渊博的人吧。

准备一张纸,请志愿者根据下面的描述画出动物:它没有头或大脑;此类动物大多长有5条或更多条腕,但没有手指;足附在每条腕的底部,没有腿;足通常成对出现,单独的个体可以有1000多只足;这种动物的口位于身体中央,口中没有牙;这种动物的体表通常布满了块状突起或小刺,颜色丰富而鲜艳,例如紫色、红色和黄色。

你可能会看到一个怪物的画像。但是,刚刚描述的特征与海星完全吻合。

海星生活在世界各地的海洋中。大多数海星看起来类似小五角星。5条腕是海星的武器,腕中央的部分是它们的身体。腕底部是成排的管足。海星没有腿,但它们可以有多达1200只的管足。

管足没有脚趾。相反,管足形似管子,末端有吸盘。吸盘能够帮助海星抓握物体。海星真的很奇怪。

上面描述了海星有趣的一面。但是,你知道海星会呕吐吗?

总体来说,海星以奇特的方式进食。这种海洋生物会将胃吐出,以包裹并消化食物,然后将胃再次吞入身体。整个过程有点类似反向呕吐。想象一下,假设我们这样进食……

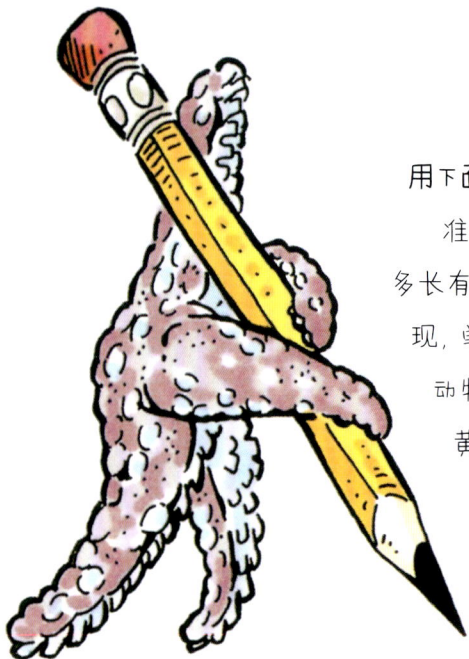

海星生活在海底，以其他动物为食。当海星发现一只蛤蜊时，会用腕包住猎物的外壳，将吸盘固定在蛤蜊壳上并向外拉扯，看起来有点儿像熊抱。海星只需将蛤蜊外壳打开一点点，甚至类似书页那样的细缝就足够了。然后，饥饿的海星将胃送入蛤蜊壳内部。进入蛤蜊壳内部后，海星的胃可以释放化学物质，消化由硬壳保护的蛤蜊身体。当蛤蜊的身体变成液态之后，海星会将胃和如同呕吐物一样的食物一同吸入口中。

你认为海星在饱餐后会打嗝吗？

海豹粪便是南极海星喜欢的一种食物。当受到攻击时，有些海星会主动断掉一两条腕，以便逃生。之后海星可以长出新的腕。此前，人们并不知道海星能够再生，蛤蜊和牡蛎养殖者会将海星切碎后扔回大海，因为他们认为这样就可以对付海星。然而，碎片变成了新的海星，海星的数量不仅没有减少，反而出现了爆炸式增长。

蛙

有些动物是天生的呕吐者，而不是呕吐物吞食者。

与吞食呕吐物的动物不同，天生的呕吐者不会吞食呕吐物，而是经常呕吐。人类大多会在生病、紧张或头晕时呕吐。而天生的呕吐者在感觉良好时也会呕吐。有些动物确实需要呕吐，否则它们会感觉不舒服。

有些**蛙**用嘴孵育后代。呕吐降生？是的，被吐出的幼蛙会开始新的生活。

澳大利亚胃育溪蟾只生活在一个国家，猜猜是哪个国家？雄蟾为卵子受精后，雌蟾可以将多达20枚受精卵吞下。受精卵进入胃，但并不会作为食物被消化。为了防止受精卵被消化，雌蟾的胃将停止分泌胃酸。此外，雌蟾在受精卵孵化的5周内将停止进食。受精卵将直接发育成幼蟾，而非蝌蚪。5周后，雌蟾将幼蟾吐出。

吧唧
吧唧
呱，呱
呕，哇！

"你喉咙里有只蛙？"

"嗯，实际上有十几只呢。"

雄性达尔文蛙可在喉咙中孵育后代。雄蛙通过唱歌吸引雌蛙。虽然我们听起来可能只是呱呱的叫声，但是这些叫声对于雌性达尔文蛙来说肯定是浪漫的小夜曲。它们相遇后，或许会一见钟情，然后结成伴侣。交配之后，雌蛙离开，没有其他雌性动物那样的母性。不过，雄蛙将留下来照看受精卵。雄蛙会在卵孵化前将它们收集起来。雄蛙具有独特的吞咽技巧，能够将受精卵吞下，但又不会吞入胃中。雄蛙将卵存放在鸣囊中。孵化期间，雄蛙不再歌唱，等待卵孵化为幼蛙。等待时机成熟后，达尔文蛙以呕吐（也许是打嗝）的方式让幼蛙降临这个世界。

查尔斯·达尔文是一位伟大的生物学家，他通过研究各类动物提出了著名的进化论。他在智利发现了一种奇怪的雄蛙。后来，人们用他的名字命名了这种蛙，即达尔文蛙。

猫毛球

你在奶奶家的地板上爬来爬去，她的猫咪在你周围闲逛。

在地毯上，你发现了一根热乎乎的小香肠。

你靠近仔细查看。这根香肠是潮湿的，而且毛茸茸的。此时，沙发上的猫咪突然又"呕吐"出了一根热乎乎、毛茸茸的香肠。哇，多么可爱。它为你准备了新鲜的毛球。现在，你可以开始收藏自己的毛球了。

如果你完全不觉得恶心，而且非常好奇的话，你可以"解剖"毛球。"解剖"毛球之后，你会发现毛球的主要成分。猜猜是什么？当然是毛发。猫不会四处乱逛并吞咽其他动物的毛发，但它们确实会梳理和吞咽自己的毛发。猫的舌头很粗糙，是天然的梳子。但是，它们的胃无法消化毛发。因此，毛发会在它们的胃中形成毛团。只有两种方式可以处理这些毛团：

吐出来或拉出来。

猫的消化道非常曲折，粗毛球无法通过。这些毛球可能会阻塞肠道。哦，不，糟糕！猫咪现在无法排便了。宠物医生可能会给猫咪服用一种泻药。如果不管用的话，医生会直接向猫咪的肛门中塞药物，或者进行手术来帮助它们。

不，排泄路线走不通。

帮助猫咪梳理毛发是最好的办法。在季节变换之际，或者因为压力，猫咪会换毛或掉毛。它们会舔舐毛发，以清理掉落的毛发。如果你帮助猫咪清理了掉落的毛发，它们在梳理时就不会将毛发吞下肚，也就不会出现毛球阻塞肠道的问题了。

服用化毛膏也是一种解决方案。大多数宠物商店都有化毛膏在销售，化毛膏里通常包含矿物油或凡士林。所以，更低成本的方法是在猫咪的爪子上涂抹一点矿物油，或者在它的晚餐内添加矿物油。治疗一到两周后，问题就解决了。

当然，如果你真想要一个毛球收藏品，那就另当别论了。

猫头鹰呕食团

猫吐出的是自身毛发形成的毛球，猫头鹰则会吐出其他动物毛发形成的毛球。

猫头鹰吐出的毛球并不是因为帮助其他动物梳理毛发而形成的，而是囫囵吞食猎物的结果。

猫头鹰的进食场景让人印象深刻。

一位鸟类研究员曾连续向仓鸮(xiāo)(猫头鹰的一种)投喂9只老鼠，直到它自己吃饱并停止进食。但仅仅过了3个小时，它又吞掉了3只老鼠！

猫头鹰是捕猎专家。但是，说起餐桌礼仪，它们可能会因为吃相而被大多数餐馆拒之门外。捕获鼹鼠或老鼠这样的猎物之后，猫头鹰会将猎物摆正，然后从头部开始囫囵吞咽。

猫头鹰没有牙齿，只是囫囵吞咽。进食数小时后，猫头鹰会吐出一个由毛皮、毛发、羽毛、牙齿、爪子和骨头组成的食团。更让人无法接受的是，猫头鹰（呕吐者）会让食团从空中划过，然后自由落地。想象一下从空中四散的呕吐物吧。

食团落在地上，成为衣蛾、皮蠹(dù)和真菌的食物和家。衣蛾还会在多毛发的食团中产卵，用来孵育后代。幼虫（毛毛虫）还会利用食团中残留的皮毛作茧，衣蛾将从茧中破茧而出。

有时，食团不会在地面停留太长时间——人类会将它们收走。

为什么有人想收集猫头鹰的食团呢？太恶心了！

猫头鹰的食团其实很有趣。猫头鹰的胃会分解食物中能够利用的部分，然后将无法消化的部分聚集成团。猫头鹰只能将猎物囫囵吞下，所以食团中包含动物的骨骼。平均直径5厘米的食团大约包含3只动物的骨骼。人们通过解剖食团了解了里面都有什么。猫头鹰的胃液能够剥离可食用部分（肉和内脏等），留下完整而干净的骨骼。通过排列和组合，研究人员可以将食团中的骨骼还原为平面或三维骨架。通过收集食团并研究其中的骨骼，科学家能够判断猫头鹰的食谱，并借此了解小型动物的种群状况。因此，猫头鹰吐出的食团可以为人类提供研究信息。

究竟谁更奇怪？是猫头鹰还是人类？

猫头鹰无法转动眼睛，但它们的头部几乎可以转动一周。你觉得它们可以在转动头部的同时向外吐食团吗？多么精彩的一个花招！或许应该把这个场景放在恐怖电影中。

有趣的猫头鹰呕食团

一位鸟类研究员分析了一只猫头鹰的200个呕食团，然后发现其中包括：

412只小鼠

20只鼩（qú）鼱（jīng）

1只鼹鼠

1只麻雀

20只大鼠

将猫头鹰呕食团拆解完成后，可以整理出各类骨骼，比如头、脊椎、腿等部位的骨骼，据此可以计算呕食团里的动物数量。

血液啜食者

下一次你渴望享受美餐的时候，尝试下这个食谱：

鸭血汤

将一盒鸭血放入锅中。

再加入一些鸭肉、欧芹（香芹）、胡芹（芹菜）、洋葱和干梅子。

煮沸并端上桌。

美味鸭血汤！

想不想尝尝？

人类

准确地说，

血汤并不是一杯茶或者一杯血，但许多波兰人都喜欢这种汤。

也许这种美味的小吃会刺激你的味蕾：在牛身上某条静脉上切一个小口子，收集一滴血，然后将其加入新鲜的牛奶中，搅拌。哇！血奶昔！喝下去，享受美味。

那么，非洲马赛的血奶昔有没有让你感觉紧张或不适？一大块牛排怎么样，血淋淋的半熟牛排？

你已经流口水了？

27

大多数人认为人类算不上血液啜食者。

这种观点可能是正确的，因为大多数人吃炸薯条时更喜欢蘸番茄酱，而不是血液。

不过，美味的血液是许多动物的首选食物，包括虱子、臭虫、水蛭、蝉虫和蚊子等。想象一下，如果水蛭外出用餐，它们的餐馆菜单中会有什么菜式？"哦，我真不知道该怎么选。人血、鱼血、鳄鱼血……听起来都不错。"

成为血液啜食者似乎是一个非常棒的选择，因为几乎所有生物都有血。血液富含营养。与花生酱一样，血液含有大量的蛋白质。蛋白质是健康饮食所需的重要元素。金属也是重要的血液成分，就像用来制造汽车的金属一样？没错，人类和许多其他生物体内的金属就是铁，与用来制造大炮和煎锅的金属铁没有什么两样。但是，血液中的铁含量很少，因此生物不会因血液中含有的铁而增加太多体重。

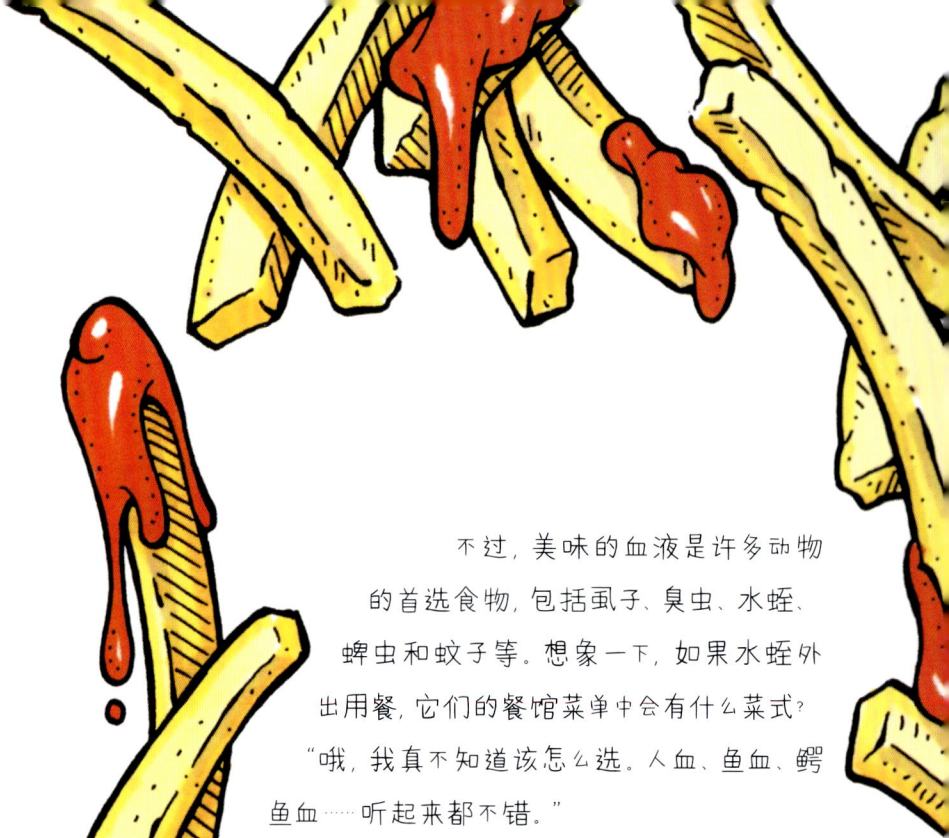

铁遇到氧气会产生红锈。氧气与血液中的铁结合可以让血液变红。你可能认为血液都是红色的，但它也可能是蓝色的或者透明的。

你见过铜手镯生锈变成蓝色吗？同样，金属铜让有些动物获得了时尚的蓝色血液，例如龙虾、螃蟹、虾、瓢虫、部分蜘蛛，以及部分蜗牛和鼻涕虫。

血液透明意味着其中不含金属。有些昆虫的血液是透明的。除了蛋白质和金属，血液还有一种主要成分——盐。血液主要包含水、盐、蛋白质和金属等成分。这些都是血液啜食者需要的物质。

蟑螂的血是接近透明的。

水蛭

它可以帮助治疗瘀伤，能够啜吸瘀血。

在大型手术之后，它可以啜吸多余的血液，以减少人体的肿胀。或许未来的某一天，它的唾液可以用来治疗肿瘤和其他疾病。

说出该生物的名称吧。

如果你说吸血鬼或水蛭，恭喜你答对了。如果你说："呃！好恶心！"你可能也没有说错，至少在了解它们之前你可以这么说。

"吸血鬼"一词准确地描述了这种蠕虫的特点，因为它确实吸血。是的，水蛭一次可以吸食相当于自身体重9倍的血液。大多数常见的水蛭只有约2.5厘米长，因此它们的食量还算不上太大。但是，巨型水蛭的长度与你的胳膊差不多。

"啊啊啊！快把它弄走！"

即使是电鳗也不能阻挡水蛭吸血。人们曾在一条电鳗身上拿走上千条水蛭。

令人震惊！

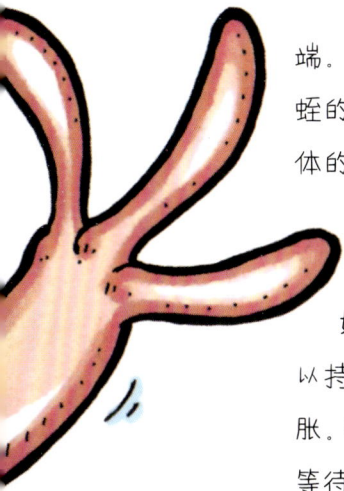

嗜血的水蛭有两个吸盘，其中一个在它的尾端。尾端吸盘帮助水蛭吸附在猎物身上，而水蛭的肛门位于吸盘中心。另一个吸盘位于水蛭身体的前端，长有锋利的牙齿。水蛭用牙齿切开猎物的皮肤，注入唾液或口水，以降低猎物的疼痛感并保持血液流通。然后，水蛭开始用强大的喉部肌肉吸血。水蛭一次进食可以持续数小时，直到细长的蠕虫形身体变得肿胀。吸饱血液之后，水蛭会从猎物身上掉落，并等待数月，直到再次饥饿时才去寻找食物。

从猎物身上掉落后，水蛭会留下一个Y字形的切口，这是它们吸食过的标记。

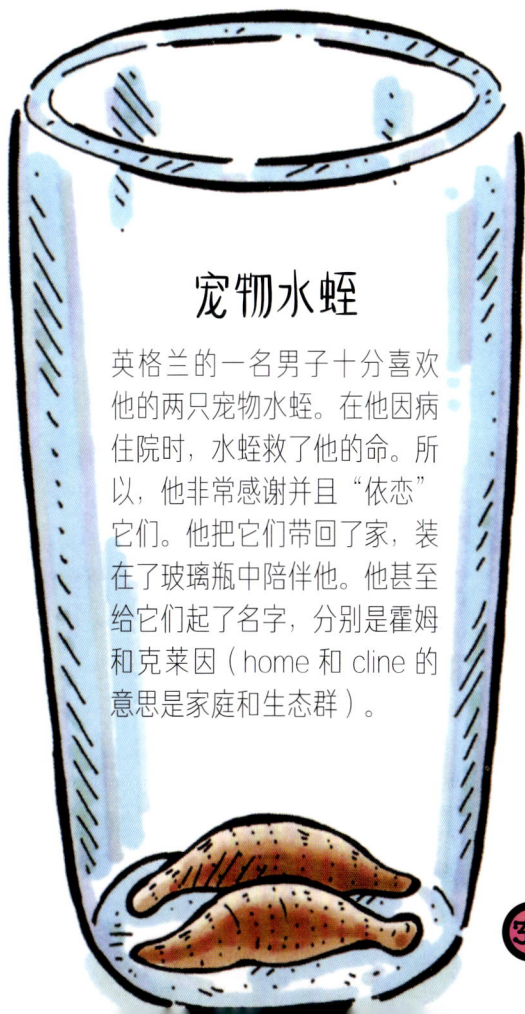

宠物水蛭

英格兰的一名男子十分喜欢他的两只宠物水蛭。在他因病住院时，水蛭救了他的命。所以，他非常感谢并且"依恋"它们。他把它们带回了家，装在了玻璃瓶中陪伴他。他甚至给它们起了名字，分别是霍姆和克莱因（home 和 cline 的意思是家庭和生态群）。

提到"水蛭"这个词，你有什么感觉？有没有感觉皮肤发紧？或者，它可能让你想到某个认识的人 —— 喜欢占人便宜的人也被称为"水蛭"。

然而，水蛭（leech）在古英语中指的是医生。在长达数个世纪的时间里，用水蛭放血一直是欧洲医生常用的治疗手段。因为人们认为让水蛭吮吸坏血能够治疗很多疾病。后来，水蛭放血疗法越来越普及。1846年，仅法国就使用了2000万到3000万只水蛭。当时，美国的一个水蛭农场平均每天可以卖出1000只水蛭。水蛭放血疗法几乎让这种蠕虫从野外消失。现在，水蛭再一次得到了某些外科医生的青睐。

你知道吗？

你必须躲开那些充满水蛭的池塘和沼泽，否则第二天你将在干净、清爽的医院病床上醒来，发现水蛭在你身上留下了很多记号。

寄生鲇

当你进入一条没有水蛭的小河，你就觉得安全了吗？不要忘了，河里还有寄生鲇。

这种小型"怪兽"只有2.5厘米长，像牙签那么细，因此也被称为牙签鱼。但是，它们有一种令人毛骨悚然的习性：它们会趁着鱼张开鳃呼吸时钻入其中，然后以鱼类新鲜的血液为食。

没关系，我又不是鱼。

不，有关系。

如果你在生活着寄生鲇的水中洗澡或撒尿，它们可能会将你身体上的孔误认为鱼鳃缝，然后进入你的身体。通常，它会沿尿道向上游动，用头部的倒刺固定自己，然后吮吸血液。它的头部小而尖，很难用手拔出。通常摆脱它的唯一方法是手术。

"对不起，医生，我正在水中撒尿，然后来了一个特别的朋友。"

好吧，其实你不用过分担心。寄生鲇只生活在南美洲的奥里诺科河和亚马孙河。

不早说！

33

蜱虫

疼、抽搐、痉挛，是蜱虫在作怪。

突然从沉睡中醒来，你感觉身体疼痛。触摸疼痛部位，你摸到了一个小硬点。"奇怪，有一小块痂。我不记得床上有图钉啊。"

你来到浴室，照着镜子检查身上的新伤口。触摸黑点时，你发现它会移动。"啊！这根本不是痂。这是一只蜱虫！"意识到这一点，你身体发抖，汗毛竖起。你抓起镊子，夹紧蜱虫的身体往外拉。但拔出来的只是它的身体。仔细检查，你会发现镊子夹着的只是蠕动的躯体和腿，头仍然留在身体上！"救命啊！"我猜你得把它挖出来。

马上，你会感觉身上还有东西在爬。这可能是你的想象。但是，事实是如果镊子夹着的那只是雌性，那么附近很可能还有一只雄性。

蜱虫是令人厌恶的动物排行榜中名列前茅的动物（虽然蜱虫可能不这么认为）。蜱虫可以存活两年，但一生只进食3次，食物是温血动物的血液。蜱虫幼虫与大约4000到5000只兄弟姐妹一起孵化，然后爬上草叶，耐心地等待第一次进食。它们非常有耐心，因为老鼠或鸟类可能需要数月时间才会经过。

幼虫（可能与数百只兄弟姐妹一起）急匆匆地开始吃早餐：将它那吻或鱼叉形状的口扎入皮肤，借助黏稠的唾液固定自己，然后开始啜食血液。随着大口的吸食，蜱虫的腹部越来越大，像气球一样不断膨胀。仅仅依靠吸血后膨胀的腹部，蜱虫的体形就可以增大数倍。

经过蜱虫生活的区域之后，你的狗可能会带着超过100只蜱虫回到家中。拿出你的镊子吧。

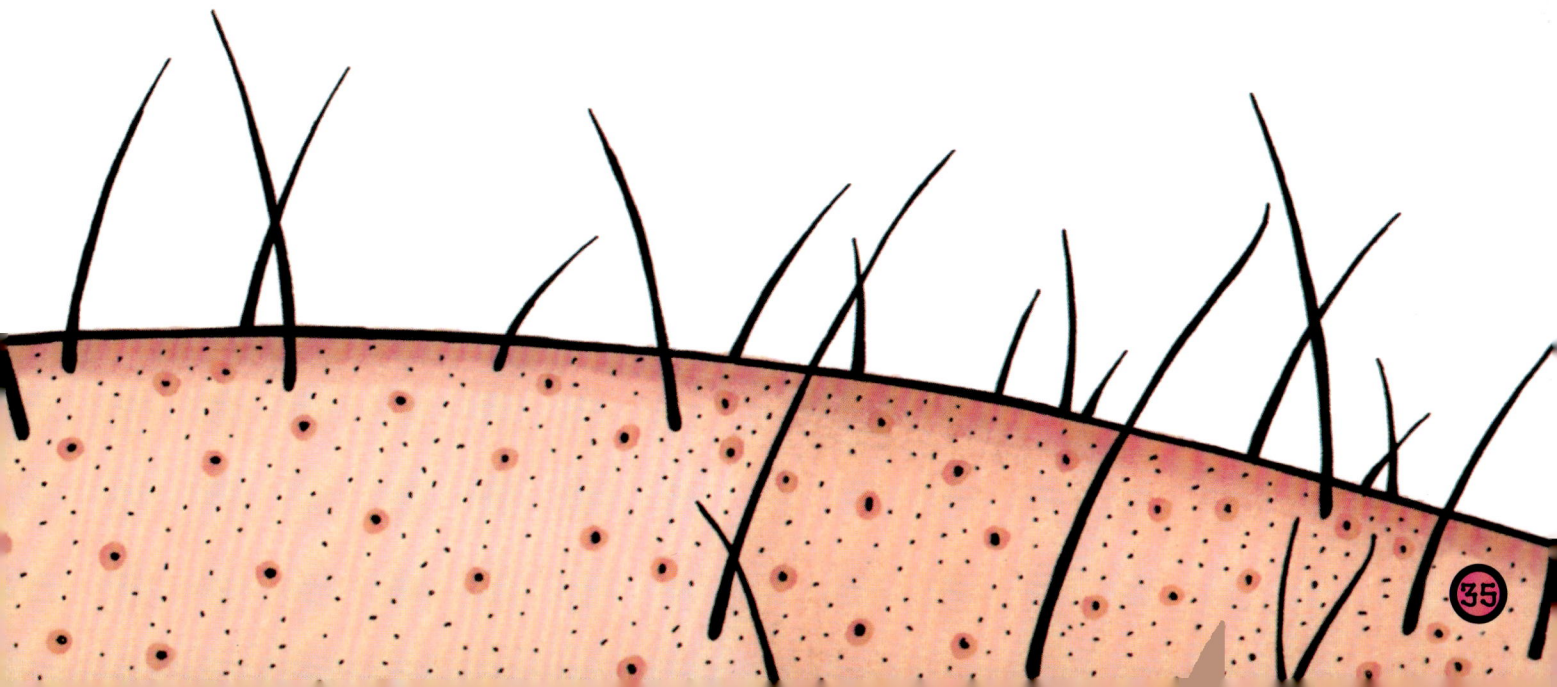

一顿大餐数天后，蜱虫拔出头部，从猎物身上掉落。在接下来的几个月里，幼虫专心消化自己的第一餐，长出另一对腿，变成8只腿，成为蜱虫若虫。然后，它决定寻找午餐。

它又一次开始耐心地等待，努力"检测"猎物呼出的二氧化碳，或者"探测"猎物皮肤释放的被称为丁酸的化学物质。午餐来了。它再次攀附到猎物身上，饱餐一顿然后掉落。蜱虫若虫消化吸食的血液之后，成长为成虫，然后移到灌木丛或矮树上。

蜱虫经常搭乘迁徙的鸟类来更换栖息地。

猜猜下一步它会做什么？答案是寻找晚餐。晚餐通常更为丰盛，以狗、鹿或者你（人类）为目标。只有雌性蜱虫会寻找晚餐，雄性则关注其他事情。雌性将头部埋入猎物体内咄食血液的同时，雄性将与雌性交配。然后，雄性死亡并从猎物身上掉落。雌性享受美餐之后掉落，产卵后死去。这就是蜱虫的一生。

蜱虫的一生很简单：孵化、吸血、成长、吸血、成熟、吸血、繁殖、死亡。没有派对，也不会外出野餐，不知道饼干或橘子是什么。

这么看来蜱虫似乎不那么坏。蜱虫本身称不上邪恶。它们的名声很差，是因为有些蜱虫的内脏中生活着很多可能引发致命疾病的微生物。但生病的不是蜱虫，而是被它们吸食血液的动物。**莱姆病和落基山斑疹热**就是由这些微生物引起的两种非常严重甚至致命的疾病。要避免得此类疾病，你必须远离蜱虫，无论它们是否无辜。

以下是应对蜱虫的几种方法：

- 发现蜱虫时，用镊子夹紧并慢慢拉动蜱虫的身体。如果拉扯过猛，可能会将蜱虫的头部留在体内。
- 密切注意蜱虫叮咬的位置，确保被叮咬部位周围没有出现环状纹路。如果出现了环状纹路，请立即就医。
- 在野外游玩时，将裤脚塞入鞋内，或使用防蜱虫喷雾剂或薄荷油。
- 从野外返回后，检查自己和宠物身体上是否附着了蜱虫。蜱虫附着的时间越长，患病的概率就越高。

虱子

"女孩们大多会长虱子，离她们远点儿。"

这句话可能有一定的道理。相比男孩，女孩更容易长虱子。根据美国疾病控制中心的一项研究，10%的女孩有虱子，而男孩长虱子的比例为7%。而且，虱子具有传染性!

多么嗜血的行为啊。

确实如此，虱子会吸食血液。

人类为虱子提供了一切：家、食物、厕所和墓地。"没有你，我活不下去。"虱子离开人类只能存活几天。不仅是生活方式，虱子的一切都和人类相关。这种六足昆虫的腿部有适合抓握的足，可以让虱子抓紧人类的头发。无论刮风、下雨还是梳头，都不能让它们掉落。

有三种"美味"的虱子供你挑选。头虱生活在头发森林的根部——头皮附近，不过有些头虱可能会搬迁到类似的环境——眉毛和胡须丛中。头虱正在重新成为学龄儿童的伙伴。阴虱更喜欢腋窝和私密部位的粗硬毛发。体虱更喜欢自由：它们住在衣服和床铺，以及其他任何方便接触人体皮肤的地方。

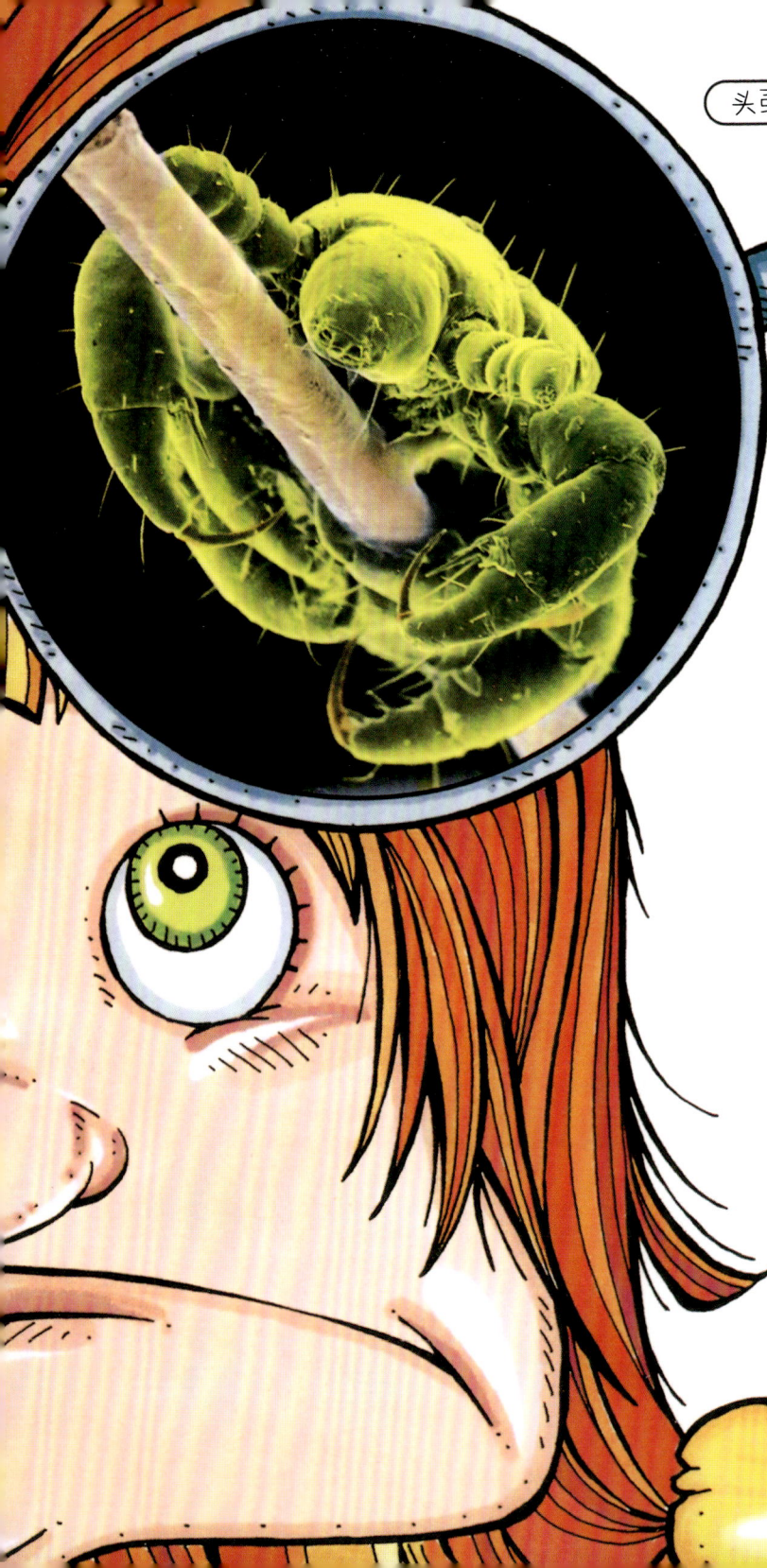

虱子大事记

12 世纪，成为圣徒之前的托马斯·贝克特是英国一位大主教。他贴身穿着一件山羊毛制成的衬衣，而且拒绝脱掉。当托马斯在坎特伯雷大教堂被谋杀之后，人们发现他的衬衣爬满了活的体虱，这些虱子正在匆匆忙忙地寻找新家。

第一次世界大战期间，一支军队为士兵们提供了实验性的防虱内衣，但这种经过特殊处理的短裤并没有明显的效果。

如果村庄里虱子泛滥成灾，美洲原住民会举村迁徙，并且扔掉所有的衣服和床上用品。

无论你喜不喜欢虱子，虱子都会选择你。它们没有翅膀，所以无法飞行。虱子拖着相对庞大的身体爬行，用6条带钩的腿从一个人身上爬到另一个人身上。如果想要虱子陪伴着你，你需要做的就是找一个邋遢的人。

要吸引体虱，你需要睡在邋遢的床铺，或者跟邋遢的人交换没有清洗的衣服穿，而分享阴虱则需要身体靠得非常近。头虱最容易获得，只需交换帽子和梳子或者拥抱即可。你的新害虫朋友将很快安顿下来。无须购买宠物食品，忍受一下小"长矛"的戳刺，在它们饥饿时贡献一些血液就可以了。总之，比养狗或养猫容易多了。如果你感觉痒，总忍不住想挠，那是它们在表达它们生活得很开心，很感谢你的招待。

母虱会产下微小的银色卵，这些卵附在头发上，称为虮子（虱卵）。在化学疗法面世之前，人们必须检查每根头发来清理虮子。

在美国马萨诸塞州的泽瓦斯小学，一群学生家长组建了一个特殊小组——挑虱（事）组。他们身穿T恤，上面写着"挑虱，我们是认真的"，因为他们专门检查学生有没有头虱。

生活安逸的虱子会在你身上繁殖。想象一下，多么可怕。雌性头虱每天可以产6枚卵，所有卵都紧紧地附在头发上。卵只需约10天就可以孵化，然后开始吸血并迅速成熟，继续繁殖。大约一个月后，你的头顶将变成虱子的乐园。

痒，
挠个不停。

"呀！我的头才不
是虱子养殖场。我要赶走
它们。"

挑啊挑，继续挑，不停地挑，
这是消除虱子的可靠方法之一。大多数
药店都可以买到虱子治疗包，这也是消除虱
子的一种方法。这些药品的味道很难闻。但是，你没有太多选
择，因为你很痒。所以，要么挑，要么等着自己发臭。衣服和床
上用品也必须清洗干净。

如果你长了虱子，请记住：有些东西
不适合分享。

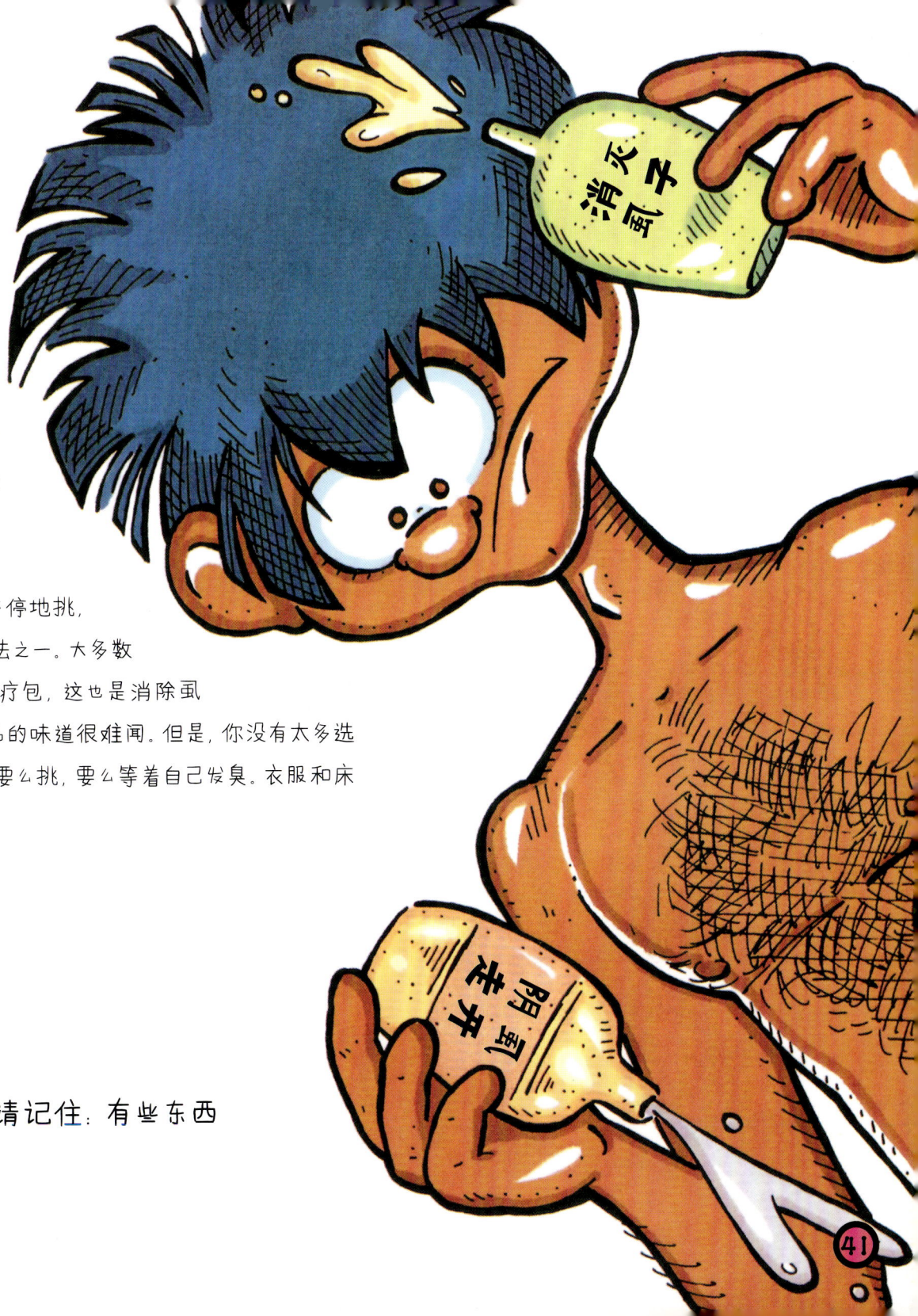

消灭虱子

阴虱走开

臭虫

"睡个好觉，没有虫咬。"但是，如果床上有虫子，我不认为你能睡个好觉。它们甚至有一个官方名称——臭虫，又名床虱。多么形象。

实际上，臭虫躲在家具和其他物品的裂缝（或缝隙）中，常见于不卫生的地方，例如汽车旅馆的房间等。当夜幕降临，等一切都安静下来以后，臭虫将变得十分活跃。它们在黑暗中捕猎，寻找食物——人血。闻到美味的人血气味后，臭虫会发出轻微的幸福的尖叫声。可惜你听不到，因为你已经睡着了。这种嗜血的小生物跳跃着朝你沉睡的身体而来，用长而尖的嘴巴扎入皮肤，然后用头部肌肉吮吸血液。

你醒了，叫了一声："哎哟！那是什么？"然后，你耐不住困意再次入睡。它们会再一次发动攻击。只不过这次的攻击者可能换成了第一只臭虫的堂兄。而第一个进食的臭虫已经躲起来了。叮咬将持续整晚，所以你睡得不好。受到臭虫攻击后的你打开了灯，或许你会看到大约0.6厘米长（大约是铅笔的直径）的红棕色"六腿兽"。臭虫讨厌光，它们会迅速躲藏到床单下面。你从床上跳下来，打包行李，然后搬到了另一家汽车旅馆。

所以，睡个好觉，不要被臭虫、虱子、寄生鲉、水蛭或蝉虫咬。

假血配方

你需要： 玉米淀粉、红色食用色素、可可粉、透明糖浆（用于烹饪而非煎饼的糖浆）、水、碗、勺子、牙签。

步骤： 在碗中放入两勺糖浆和一勺水，用牙签搅拌。加入两滴红色食用色素，搅拌。捏两撮玉米淀粉和少许可可粉加入混合物中，搅拌均匀。让"血"从你的嘴角滴落。（注意：这些材料无害，但味道可能不太好。）找一个毫无戒心的人，然后说："我要吸你的血。"

石器时代的洞穴及埃及陵墓中都发现了臭虫的残骸。

臭虫还面临着比人类更可怕的敌人——猎蝽。等到臭虫吸饱了血液，猎蝽会抓住臭虫，然后将嘴刺入臭虫的肚子，吸食二手血液。

43

黏液制造者

  有时，人们会变得相当"滑"。这不是说那个骗其他小孩儿午餐钱的孩子很"滑头"的那个"滑"。这里说的"滑"就是字面意思，表示全身湿漉漉、黏糊糊的。例如，蹒跚学步且蹭了满鼻子灰的孩子，或者炎炎夏日慢跑归来浑身是汗的邻居。深入人体内部，你同样会发现一个黏糊糊的世界，因为人体内许多腺体都会分泌**黏液**。黏稠、滑溜、流动的液体覆盖着鼻腔、喉咙、胃和肠道表面。这些黏液可以帮助人体捕获营养物质、移动废物，保护人体内部各器官，是身体的润滑剂。

  实际上，大多数动物体内都充满了黏液。这种不可或缺的化学物质覆盖了全世界各种动物的身体内部。

  没有黏液的生活将变得艰难。有些动物不只体内充满了黏液，体表同样被黏液覆盖。**盲鳗**就是这样一种动物。

盲鳗

  可爱？盲鳗绝对称不上可爱。实际上，**盲鳗**这个名字就表明了它不会成为让小朋友喜欢的毛绒动物。这种黏糊糊、滑溜溜的生物是一种原始鱼类，身体形似蠕虫，没有骨头。有些盲鳗可以长到90厘米长，眼睛很小且视力欠佳，但它的嘴巴非常适合吮吸，牙齿像梳子。吮吸口周围有多根粗短的胡须，也称为**触须**。盲鳗黏糊糊的身体呈灰色或褐色。只有盲鳗自己喜欢它的脸和身体。盲鳗可能是地球上最黏滑的生物。

由于身体出色的黏液分泌能力，盲鳗赢得了包括"黏液桶"在内的许多绰号。把一条盲鳗放入装满海水的桶中，数小时后这种动物分泌的黏液可以在水面形成厚厚的黏液层。

由此来看，盲鳗**"黏液桶"**的绰号并非夸张之词。

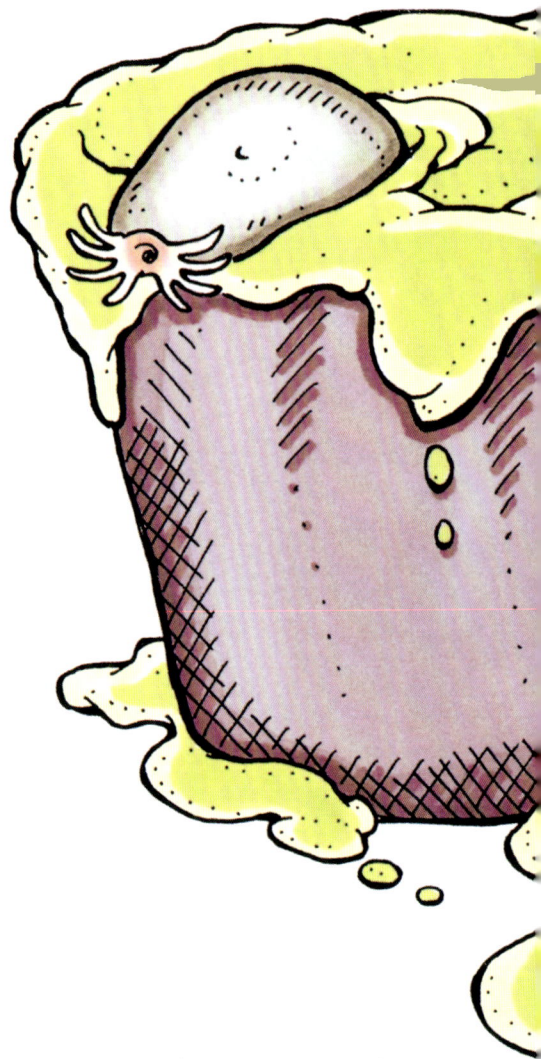

盲鳗的管状身体下方布满了分泌黏液的腺体。如同流鼻涕一样，这些腺体不断滴下黏液。受到干扰时，盲鳗可以像打开的水龙头一样分泌很多黏液。黏液可以保护自己的身体，还可以让猎物窒息并杀死猎物。

盲鳗的心脏不是一颗，也不是两颗或三颗，而是四颗。

每颗心脏都能够按照不同的节奏跳动。

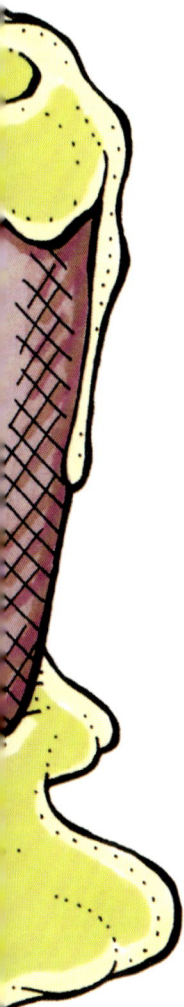

在英文中，hag 表示丑陋、可怕的巫婆，而盲鳗的英文是 hagfish。不知道是盲鳗看起来像巫婆，还是巫婆看起来像盲鳗？

　　黏液不仅能够保护盲鳗，而且影响着这种生物的生活方式。由于只有一个尾鳍，盲鳗的游泳技术并不好，它们大多数都在海底的泥土上滑行。当发现一条生病或死亡的鱼时，盲鳗会用口吮吸鱼的鳃、眼球或肛门。肛门？是的。然后，它们用口中的牙在鱼身上钻孔，并由此开始大快朵颐。盲鳗只有一个鼻孔，鼻孔直接与喉咙相通，因此它们将头深埋入猎物体内时仍然能够呼吸。最终，盲鳗离开了，返回海底等待下一顿饭，留下的只有猎物的皮和骨头。

　　有一种盲鳗可以在7小时内吃掉相当于自身体重18倍的食物！盲鳗不是你养在水族箱的选择。

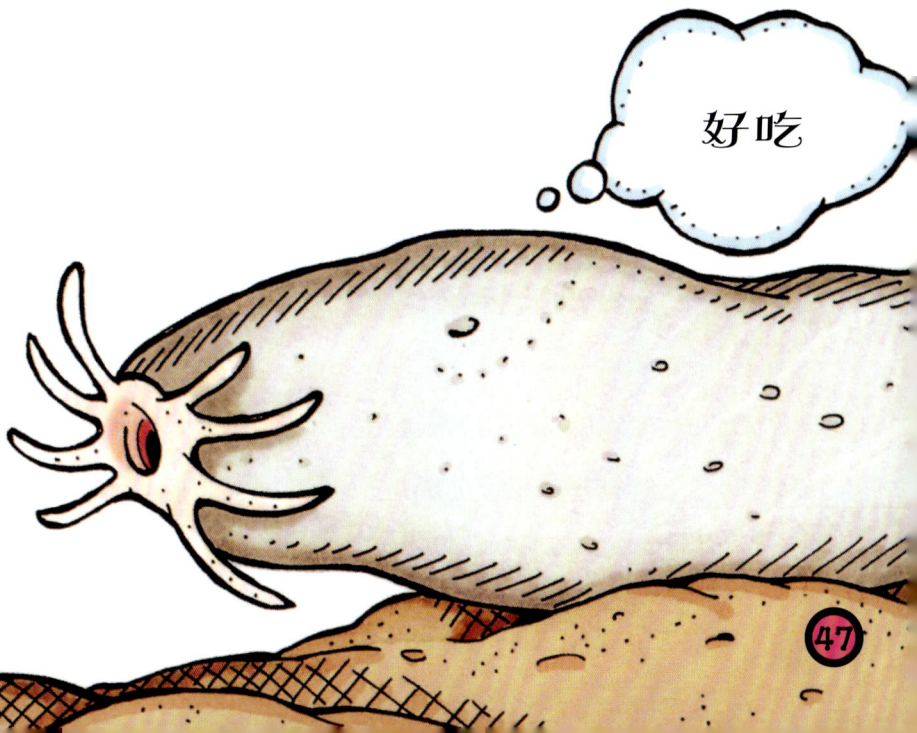

好吃

47

七鳃鳗

七鳃鳗是盲鳗的近亲。作为同科物种，七鳃鳗与盲鳗看起来非常相似，而且都是黏糊糊的。它们两个最大的区别在于七鳃鳗的黏液相对较少，而且有两个背鳍，没有触须。但是，七鳃鳗的嘴更可怕。七鳃鳗的嘴很圆，内部长着如同剃刀一样锋利的牙齿，以及布满了小齿的舌头。与盲鳗不同，七鳃鳗捕食健康的生物。

当鱼或游泳的人类游到七鳃鳗附近时，七鳃鳗会发动攻击并附着在猎物身上（例如游泳者温度较低的腿部）。它的嘴像吸盘一样附着在猎物的皮肤表面，然后用锋利的牙齿啃咬出一个洞。它们特殊的唾液可以阻止血液凝结，布满小齿的舌头可以通过摩擦吸食猎物的血肉。舔——"哎哟！"舔——"哎哟！"吃饱喝足后，七鳃鳗将放开猎物，留下一个可能并不会直接致命的伤口，但伤口可能会感染。由于七鳃鳗的啃咬，美国五大湖区和海洋中的很多鱼类都因为感染而死去。人类受害者十分罕见，而且从未有因七鳃鳗袭击而死亡的案例，只是看到这样一个生物咬你的腿难免会觉得害怕和不舒服。

七鳃鳗 © 齐格·雷科钦斯基 (Zig Leszczynski) / Animals Animals

哪个更让人恶心？是黏糊糊、吸食内脏的盲
鳗，还是用布满小齿的舌头刮食血肉的七鳃鳗？我
猜不同的人有不同的观点。

黏菌

经历了一个多雨的春季，你在夏日的某个早晨醒来。打开门，赤脚走到门廊上。唔！

你踩到了一块类似油污的黄斑。环视前院，你发现了许多软软的蠕动的生物。难道是外星生命？你抓起水管，用水冲刷这些黏糊糊的果冻状生物。这些"果冻"四散分裂。啊，分裂的每一块都有自己的生命！现在，它们占据了你的草坪。"救命啊！黏菌发起了攻击！"你感觉浑身冰冷，吓得摔倒在地。黏菌缓慢而坚定地移动着，似乎要将你吞下。

嘿，我以为这是一本科普书。好吧，上面描述的故事基本上是真的，除了摔倒并被黏菌吃掉的那部分。黏菌是真实存在的，它们不是来自外太空的生物。它们……嗯，它们不是动物、植物或真菌，而是属于被人们称为原生生物的特殊生物。

我没拿错书吧？没有错，但黏菌也非常黏。而且，关于原生生物的书籍很少。

黏菌确实有可能覆盖草坪和门廊。1973年，美国达拉斯和波士顿附近郊区的居民就曾因为黏菌"入侵"社区而感到恐慌。

黏菌的移动速度非常慢，而且它们不会发起攻击，它们会吃细菌和其他微小的生物。

一滴黏液是一个巨大的细胞。细胞是所有生物的构成单元。你的身体有大约70万亿个活的细胞，而黏菌只有1个细胞。黏菌这个单细胞生物可能有你手掌这么大，有些甚至可以长到沙滩巾那么大，称得上是巨型单细胞。如果这个巨细胞碎裂为小块，每块都可以形成一个新细胞。

你可能不会让别人送可爱的黏菌给你当作生日礼物，但黏菌确实可以当作很棒的宠物。虽然它们不会翻滚或发出咕噜声，但它们能够分泌黏液，而且有些黏菌的颜色非常鲜艳。20世纪初，日本一位名叫南方熊楠的生物学家在花园里养了黏菌作为宠物。当他发现花园里的鼻涕虫以他亲爱的宠物黏菌为食时，他开始训练猫来保护黏菌。

另一位黏菌爱好者是露丝·诺。她把宠物黏菌养在了起居室的罐子里，甚至带着它们一起去度假。在寒冷的夜晚，她用热水瓶温暖自己的宠物。其中一只宠物黏菌活了9年多。如果你想要黏菌成为完美的卧室宠物，请按照以下指示收集和照看黏菌。

不，本地的宠物商店可不会提供黏菌。

很早之前上映过一部恐怖电影，名为《变形怪体》，讲述了一个蠕动的巨型黏液怪。这个怪物原型可能就是黏菌。

有记录的最大黏菌宽约1米，长约9米。想象一下，一块覆盖了公共汽车过道的活"毯子"。**扑哧！扑哧！**

宠物黏菌

你需要: 一个收集黏菌的地方(沼泽或潮湿的树林是理想地点)、装着湿纸巾的塑料袋、大的碗形咖啡滤纸、小碗、水、磨碎的燕麦片、带盖子的大罐子或作为盖子的盘子、纸巾。

步骤: 在腐烂的原木、落叶和枯枝的下方,寻找黏糊糊的斑块。找到黏菌后,做一个自我介绍。然后将你的新宠物放入塑料袋中。你不需要把你的宠物从叶子或腐烂的木块上拿下来。带你的宠物回家,给它们准备居住的房间。将咖啡滤纸覆盖在小碗上,制成一面鼓。将带有滤纸的小碗放入大罐子中。确保小碗顶部的滤纸平整。将水沿大罐子的侧壁倒入,直至水面达到咖啡滤纸的底部边缘。将宠物放在咖啡过滤鼓的平面上。给它喂一小块磨碎的燕麦片。盖上大罐子的盖子以防止苍蝇进入,但不要拧得太紧。每天或每两天给你黏糊糊的宠物喂一次食,必要时浇水。如果黏菌扩张并覆盖了滤纸,用纸巾在大罐子内壁做一层衬。如果你的宠物很开心,它会穿过"护城河"爬到纸巾内衬上。如果你喜欢你的黏菌宠物,不要忘了给它起个名字。

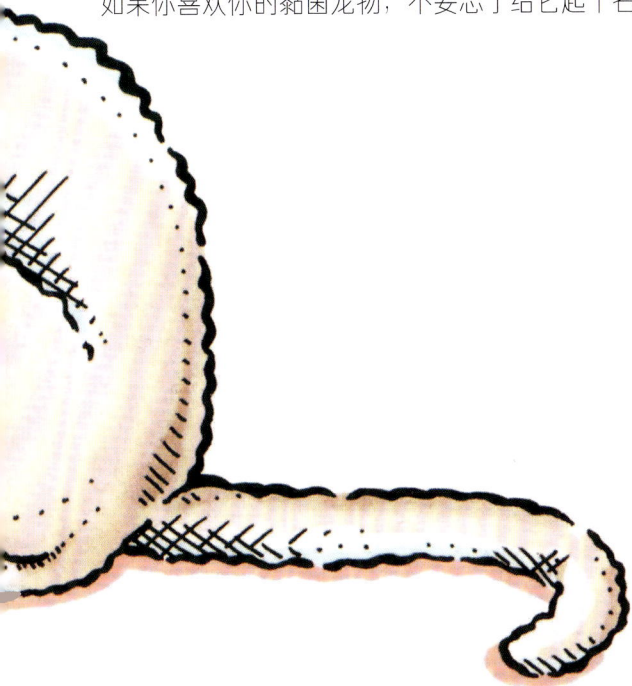

宠物黏菌

水位线

海参

不，这不是长在咸水中的水果，而是海参。海参是一种海洋动物。

黏糊糊的海参形似肿胀的小面包，长着分泌黏液的触须。这些黏糊糊的触须可以用来捕获食物。海参以海底沉积物中的有机碎屑为食，一次只能捡起一粒碎屑，因此它们必须日夜不停地进食，以填饱肚子。一只海参每年可以吞食并排出约45千克泥沙。

看起来挺有趣，也并没有感觉到脏或者黏糊糊的。嗯，这还不是海参的全部真面目。有些海参有黏糊糊的粗糙表面。有毒的黏液可以防止鱼类捕食这种移动缓慢的海洋生物，但无法阻止它们成为人类的美餐。

呸！

海参是广受欢迎的海鲜，是亚洲国家常见的美食。捕获海参后，将其切开、煮沸，然后在阳光下晒干。干燥的海参通常用于制作黏稠的浓汤。好吃。

这一点也很有趣，还是没有感觉到脏或者黏糊糊的。

好吧，那这个怎么样？

如果受到了惊吓，海参会将肠道从肛门排出。

这个真的有点儿恶心。

黏糊糊的肠和胃可以迷惑攻击者，或者它们只是被排到体外"清洗"一下。在每年特定的季节，有些种类的海参会将肠道排到体外。没人知道确切的原因。将黏糊糊的肠道排到体外后，海参扭动着身体走开了。它们可以长出新的内脏，但这需要9天到数月的时间。

此外，海参还有更黏糊糊的东西。在受到威胁时，有些海参可以从肛门射出长长的白色或红色的线。这些线很结实，而且覆盖着黏稠的液体，可以缠绕在攻击者身上。攻击者越挣扎，这些线就越长。当然，海参不会等在旁边观看攻击者如何挣扎，它们会悄悄地溜走。肛门排出的这些物质可以让海参成功逃生。

恶心吗？

非常恶心。

有的海参生活在海底的泥沙中。它们会挖掘有两个开口的 U 形洞穴。觅食的触须从一个开口伸出，而屁股从另一个开口伸出。另一种穴居海参只挖一个洞，因为它们的口和肛门共用一个开口。是不是很方便？

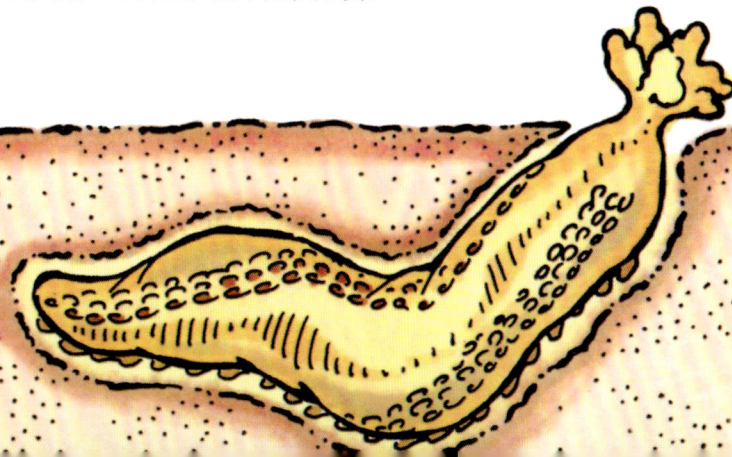

蛞蝓

你应该见过在草地上爬行的蜗牛。

蜗牛确实有些让人恶心，因为它们有着分泌黏液的肥大肉质腹足。嗯，你可以想象一下去掉壳的蜗牛——一团更黏的、肉乎乎的东西。还有一种外形像没有壳的蜗牛的动物，那就是**鼻涕虫**，学名叫蛞（kuò）蝓（yú）。

有没有人说你像蜗牛一样慢吞吞的？实际上，鼻涕虫的移动速度也很缓慢。这种动物对人类无害，但它们真的不讨大多数人的喜欢，很多人都不愿意触摸它们。当然，也有人例外。众所周知，有些博物学家不仅喜欢触摸黏糊糊的生物，还会亲吻或者舔它们。不过，当他们发现鼻涕虫身上爬满了微小的**螨虫**之后，就不再亲鼻涕虫了。

鼻涕虫有着发达的黏液分泌器官，因为它们需要保护身体避免干燥。鼻涕虫的身体底部也可以分泌黏液，以帮助它们移动。花园鼻涕虫体形较小，看起来如同灰色的小指指节。香蕉鼻涕虫看起来像什么？当然是成熟的黄色或者腐烂的香蕉，而且大小也相近。最大的陆地鼻涕虫应该是欧洲蛞蝓，可达30.4厘米长。体形越大，鼻涕虫越黏滑。

鼻涕虫的一生都与黏液相伴。刚刚从胶状卵中孵化出来的幼虫就开始分泌黏液。黏液从全身渗出，靠近前端的底部腺体可以喷出黏液。鼻涕虫靠着自己建造的黏液公路移动，黏液公路可以保护它们穿过荆棘、钉子和岩石，同时避免受伤。黏液和腹足结合可以获得吸附力，让鼻涕虫能够攀爬植物的茎和树木等。

这是一只爬树的鼻涕虫。

有些鼻涕虫可以用尾部特殊的黏液腺制作绳子。黏液绳可以像绳子一样帮助鼻涕虫从高处落到地面。想象一下，如果迎面撞上一只悬垂在透明黏液绳上的鼻涕虫，你的脸上将真的出现"鼻涕虫"。

如果受到攻击，鼻涕虫就会弓起身体，分泌大量黏液。对于一些动物来说，美味的鼻涕虫现在变得过大而且难吃。其他攻击者可能无法忍受黏液。在它们试图摆脱黏液的时候，鼻涕虫将缓慢地逃离。很多动物都讨厌吃黏液。

讨厌！

然而，还有一些动物，例如蛇、蝾螈，似乎完全不介意黏液的味道。虽然不会在餐馆的菜单上看到鼻涕虫，但是人们确实会食用这种生物。美国加州北部的原住民会吃鼻涕虫，不过是在食物严重短缺的情况下；有些德国人会食用清除了内脏并用醋去除黏液的油炸鼻涕虫。或许真的很美味呢。

鼻涕虫可以脱掉脏的黏液"外套"，然后重新变干净。当脏的黏液"外套"到达尾部时，鼻涕虫会咬掉或吃掉脏"衣服"。很快，它们就可以"制作"一件全新的黏液外套。只需渗出黏液就可以了，无须舔、打扮或洗漱。

香蕉鼻涕虫是美国加州大学圣克鲁兹分校的学校吉祥物。

鼻涕虫的交配行为同样黏腻不堪。像爱情电影？不，像腐烂的西红柿。鼻涕虫通常独立生活，它们属于雌雄同体。蜗牛也同样如此。两只相遇的鼻涕虫会形成一块黏毯，然后相互品尝对方的黏液。"哦，你的黏液真美味。"鼻涕虫交配时可以相互受精，因此两只鼻涕虫都会怀孕。

怀孕的鼻涕虫分手后，它们会分别产卵，新一代黏糊糊的生物将从中诞生。

"从山坡，到山谷，我们走过每条小路。鼻涕虫和蜗牛让每条小路都变得亮晶晶的。"

蜗牛黏液

你需要：蜗牛、透明塑料板、小块物品（鹅卵石或弹珠）、生菜。

步骤：找一只蜗牛。清晨或傍晚通常最容易找到蜗牛。轻轻地捏住蜗牛的壳，抓起它放在一块透明的塑料板上。抬起塑料板，观察蜗牛是怎么爬行的。如果蜗牛不动，请在塑料板的一端放一块生菜。再将小块物品放在塑料板上。观察蜗牛如何爬过小块物品表面。从蜗牛的上方和下方观察。如果你足够勇敢，将蜗牛放在手上，体验这种生物爬过手掌的感觉。最后，将蜗牛放回你找到它的地方。

便便爱好者

鸟屎

天空飞的小鸟排出的白色东西掉到了我的眼睛里。
哎呀，真庆幸奶牛不会飞。

是的，鸟类会在飞行时排便。蜜蜂、奶牛、大象和跳蚤等都会排便，毕竟所有生物都要排泄身体中的废物，动物们会在陆地、湖泊和海洋中排便。那么植物会不会排便呢？嗯，植物的排泄物不一样。植物排出的是气体废物——氧气。人类需要呼吸植物排出的废物，否则，人类就会死亡。植物的废物是人类需要的新鲜氧气。

总体来说，我们可以认为一切都源于便便。植物生长的土壤中堆积了大量蚯蚓和虫子的排泄物。肥沃的土壤离不开这些排泄物。是的，便便很重要。

便便、臭臭、屎、大便等词汇可以用来形容动物排出身体的废物。哦，对了，你还可以将它们称为"粪"。

牛、大象和骆驼的排泄物可以形容为粪堆、"千层饼"（戏称）和屎条，形象地描述了这些粪便在野外的形态。粪肥用于形容农场动物的排泄物。野外的大象排泄粪堆或屎条，而一头被驯服的大象会堆积粪肥。出于某种原因，粪肥似乎是更礼貌的说法。

野生动物，例如狼和美洲狮，会留下粪；在猫砂盒中，猫留下的是屎块。有趣的是，美洲狮的粪与英国人驱赶小猫的动词是一个词（scat）。屎球指的是鹿、麋鹿和山羊等动物排出的球形便便，而更大块的马粪有时被人们称为粪包。

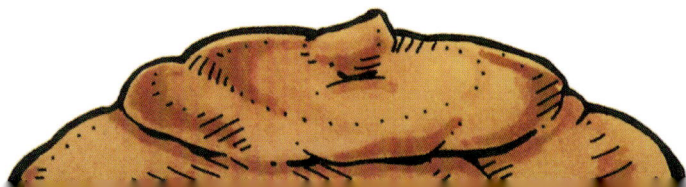

便便名称表

名称	动物
便便、臭臭、屎、大号、大便、粪便等	包括人类在内的所有动物
粪堆、"千层饼"（戏称）和屎条	大型食草动物，如牛、骆驼、大象等
粪肥	农场动物
粪	野生动物的排泄物，如美洲狮和土狼等
粪球、屎球、粪包	鹿、兔子、羊、马
鸟屎	鸟类
粪石	蝙蝠、海鸟
排泄物、粪便	所有动物便便的科学名称

德国农村地区曾有在前院堆放粪堆的习惯！粪堆越大，表示这家越富有。

鸟的便便被称为**鸟屎**。它们经常在鸟类高空飞翔时被排出，然后落地产生啪啪的声音，因此更准确地描述鸟屎落地的声音应该是**啪叽**。如果你熟悉飞翔的鸟屎撞到车窗的声音，那么你应该知道这个拟声词绝对非常形象。

海鸟和蝙蝠的粪便甚至赢得了自己特别的名称 —— **粪石**。因为这些海鸟经常大群地聚集在特定的地方，然后让大量的便便在这里堆积。日积月累，这些鸟屎将变成粪石，成为人类种植农作物的肥料。

科学界用**粪便**和**排泄物**来描述动物的便便。如果你认为上述关于便便术语讨论的内容过长，无法准确、完全地记下来，请参考左侧的便便名称表。这样，任何时候你都可以准确地称呼动物的便便，避免选错词语的尴尬。

抓便便游戏

你需要： 几位朋友、户外游乐区和一个粪便名单。

步骤： 这个游戏和捉人游戏相似。找一块比赛场地，设定边界，没有自由区。其中一个人作为粪便学家。粪便学家努力抓住其他玩家——便便。被抓住的人必须在两秒钟内说出一个关于便便的名词。回答正确的人就可以获得自由，直到他或她再次被抓住。游戏的关键在于所有关于便便的名称只能使用一次。例如，如果有人说出了"粪球"，那么另一个被抓住的人就不能再次使用"粪球"，否则他／她就出局。让一个玩家负责记录游戏中使用的所有名词，以避免争执。继续游戏，直到只剩下粪便学家和一个玩家。

便便的科学

粪便学家是专门研究便便的，你长大也可以成为一名便便专家。

有时你可能认为你已经认识了所有的粪便。其实不然，因为不同的动物会排泄不同的便便。对于初学者来说，分辨肉食动物与食草动物的便便很简单。肉食动物的便便通常包含毛发、羽毛和骨骼，甚至还可以闻到让人恶心的恶臭的味道。食草动物的粪便可能包含秸秆、植物碎片或果核。食浆果的动物可能会排出甜味的便便。以鱼和其他海洋生物为食的动物会排出带有鱼腥味的粪便。

闻闻，嗅嗅，闻到鱼味了吗？

纹理和形状是辨别粪便的重要特征。你可能熟悉狗和猫的便便，野狗和野猫与家养宠物的粪便看起来十分相似。然而，土狼和美洲狮没有机会享用宠物罐头，因此它们的便便可能含有毛发和骨头。毛发会将肠道中的物质混合在一起，因此它们的便便比宠物狗的便便更长，并且末端是尖的。整个荒野就是美洲狮的猫砂盆。如果你看到了地面上的爪痕及掩盖的痕迹，那里可能有野猫的排泄物。

鸟屎实际是小便和大便的混合。一小块便便位于整个软软的鸟屎的中心，外面的白色物质是尿。在排泄之前，鸟的身体会过滤掉小便中的大部分水和盐，剩下的白色物质基本成分是尿酸。人类的尿液中也含有尿酸。鸟类尿液中的尿酸浓度是人类尿液中尿酸浓度的两倍。

你是不是看到了一堆小小的、球状排泄物？这表示附近可能有一只兔子、驼鹿或麋鹿。兔子的粪便小而圆；驼鹿和麋鹿排泄物的颗粒较大，与大弹珠相当；鹿粪有点儿扁平，而且是棕色的；一堆大圆球状的粪便，旁边还有嚼碎的草，那肯定是马留下的记号。

通过粪便来准确辨识鸟类需要丰富的知识和锐利的眼神，一般只有鸟类学家才可以做到。要想通过粪便辨识鸟类，你需要关注两个重要特征：白色尿液中央的便便，以及白色尿液飞溅的方向。

鸭的排泄物中包含了很多便便，通常为棕色，没有太多尿液。仓鸮（xiāo）没有粪便，因为它们会将毛发和骨骼作为食团吐出，因此只会排尿。有些漂亮的星形图案的鸟屎是小山雀的杰作。

有些人收集邮票，有些人收集硬币。研究员奥洛斯·缪里收集了 1200 多个粪便标本——干燥、涂了清漆、固定并添加标签的大便。

每天都有大量来自不同鸟类的粪便从天而降，你可以花费数小时来观察并阅读相关书籍来进行深入的研究。而本书的篇幅有限，只能提供关于鸟屎的简单介绍。

我很高兴。

鹿每天大便 13 至 22 次。

想象一下，如果人类必须如此频繁地去厕所……

吞吃便便的狗

狗以吃便便闻名。

"不，菲多，把它放下！"大多数狗都会忽视人类的命令，专心于美味的便便，然后返回它们的主人身边，不断地想要舔主人。

"呃……"

也许人类错过了教育狗狗的机会。但我不这么认为。

狗狗吃便便这个行为的学名叫作**食粪性**（coprophagy），这个词源自希腊语kopr-（粪便）和-phagos（吃）。似乎狗狗吃便便的现象已经存在了很长时间。

有些便便对狗更有吸引力，含有未消化食物的便便最受欢迎。狗狗的这个习惯很难改变。

没人知道狗如此喜欢吃屎的确切原因。关于食粪性的理论解释包括无聊、饮食不均衡，以及缺乏维生素、矿物质或消化物质。一位研究具有食粪性的小狗的医生得出结论：狗吃屎只是一种非常普通且古老的习惯。

狗改不了吃屎。

遇到同伴时，狗会相互嗅闻对方的屁股来表示问候。实际上，这种粗俗的做法具有充分的理由。狗的肛门附近有气味腺，这些腺体能够帮助狗识别彼此。

闻，闻闻。"哦，巴迪，是你啊！抱歉开始没认出来。"

大多数粪便不会伤害你的狗，但有些粪便可能包含有害细菌以及其他可能让宠物生病的微生物。由于你的狗不知道如何区分，以下治疗方法或许能够帮助它改变吃屎这种习惯。

- 喂高品质的干粮，加入少量罐头食品。
- 在食物中添加矿物质和维生素补充剂。
- 每次啃食粪便时，大声告诉你的狗："不要！坏狗狗！"
- 在食物上撒少许嫩肉粉。
- 在食物中加入谷氨酸、胡萝卜、菠萝或南瓜，让宠物狗便便的味道更难闻。
- 在你的狗到达之前将便便清理干净。

有些狗主人尝试了所有上述治疗方法，结果却发现他们心爱的宠物仍然非常喜欢吃便便。如果所有治疗方法对你的小狗都不起效，那么就不要让狗狗在享用粪便之后舔你。

绦虫

绦（tāo）虫生活在你的胃中。

　　如果你不吃东西，它们会因为饥饿在你的胃里翻滚，告诉你进食时间到了。要清理绦虫，你需要饿自己好几天，然后在舌头上放一块肉。循着肉味，饥饿的绦虫将沿喉咙爬出来，进入口中寻找食物。这样，你就可以抓着绦虫把它揪出来。

　　上述关于绦虫的故事并不是真的。但是，真相也很恶心。

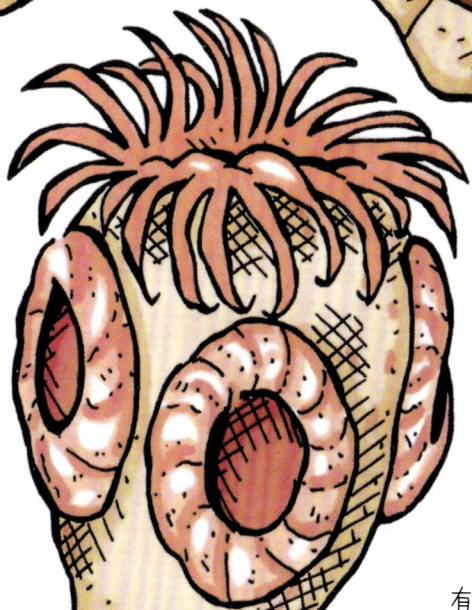

绦虫是一种非常懒惰的生物。它的头部有钩子或吸盘，但没有嘴、耳朵或眼睛。它们借助头部的钩或吸盘附着在肠道内壁上，从食物中吸取营养物质，并将排泄物丢入你的肠道。

繁殖是绦虫关注的第二件事。绦虫的每个体节都有雄性和雌性器官。一个体节受精后，受精卵即开始发育。每个体节可以产生多达1万枚卵，这意味着会有大量的绦虫幼虫。之后，怀孕的体节会脱离主体。一只绦虫每天最多有10段体节脱离主体。嘿，这意味着10万枚卵！这也意味着将有非常非常多的绦虫。在你排便时，包含大量卵的体节会随大便一同排出。

绦虫的身形长而扁，有些可以长到18.3米长，甚至超过了一辆大型公共汽车的长度。绦虫长有圆形头部和包括许多体节的带状身体。它们确实生活在人类体内，但不是在胃中，而是在肠道中。人类有两种肠：小肠长约6米，连接胃部，用于消化和移动食糜；大肠长约1.5米，负责将食糜变成便便。人体内18米长的绦虫必须多次折叠。你可以把绦虫看成一列火车，每个体节都属于一节车厢。随着绦虫的生长，它会不断地增加头部后方的"车厢"数量。

如果包含绦虫卵的便便被另一只动物吃掉，那么这些卵将在动物的肌肉中发育。发育中的绦虫称为囊虫，每只囊虫都有一个新的绦虫头部。如果寄生了囊虫的肉被人类吃掉——

哇！绦虫诞生了。

常见的人类绦虫包括牛肉绦虫、猪肉绦虫、多种鱼肉绦虫和矮绦虫。含有绦虫的牛肉、猪肉和鱼肉都可以称为被感染的肉制品。"我喜欢生牛排。""我只爱吃寿司。"从外观上看，被感染的肉好像起了麻疹，这些"麻疹"实际上是绦虫幼虫。如果出售前有严格的检查程序，人类被牛肉、猪肉和鱼肉绦虫感染的概率可以大幅降低。矮绦虫不到2.5厘米长。但与其他绦虫一样，矮绦虫的卵随人类的便便排出。如果便后不洗手，那么这些卵就可能因为握手而传播。

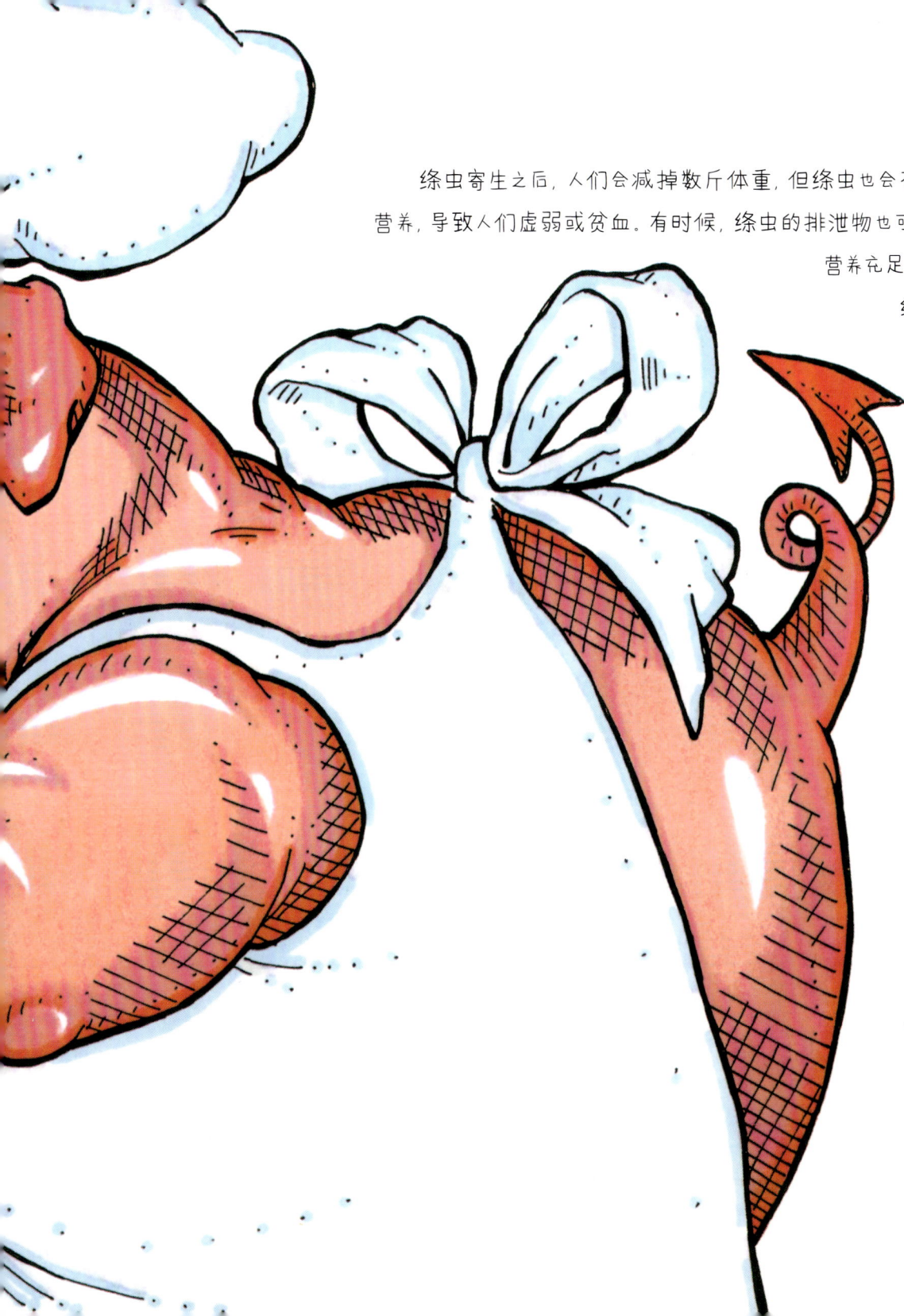

绦虫寄生之后，人们会减掉数斤体重，但绦虫也会夺走食物的大部分重要营养，导致人们虚弱或贫血。有时候，绦虫的排泄物也可能引发人体中毒。如果营养充足且环境适合，绦虫将继续生长，甚至有可能阻塞肠道，导致人们无法正常排便。大多数绦虫只是安静地寄生在人体内。在非洲的部分地区，绦虫是非常常见的寄生虫，有些村庄一半以上人口的体内都有绦虫。

要清理绦虫，医生会开具杀虫药。然后，死亡的绦虫将出现在大便中。

呕。我更喜欢在舌头上放生肉的治疗方法。

蜣螂

对于有些动物来说，粪便就是它们生活的全部。

采访蜣(qiāng)螂(láng)的体验可能非常糟糕。"我喜欢便便。我在粪便中出生，我以便便为食，我用便便建造房屋……我的生活离不开便便。"闻到了便便的"可爱"气味后，蜣螂变得兴奋起来。

"嗯，大粪，我来了。"

粪堆如此巨大，周围的蜣螂可能蜂拥而至。一头大象的粪堆（26.5立方分米的粪堆？是的，大象的排便量十分可观）可能会吸引上千只蜣螂前来享受新鲜美食。

嗯，美味！

有些蜣螂只吃新鲜和温暖的便便。有一种名叫**圣甲虫**的蜣螂是真正的便便艺术家。

圣甲虫不仅会寻找并吞食新鲜的便便，而且会整理粪堆。"稻草，不要，用平头把它铲走；蠕虫卵，呸，用前臂推到一边去；**纯粹的便便，好，集中到一起。**"

完成分类后，圣甲虫将所有非粪便的物质清理到一边，把纯粹的粪便聚集在腹部下方。"便便，便便，我的最爱。"然后，圣甲虫用粗壮、弯曲的后腿开始塑形——翻滚，轻拍。轻拍，翻滚。圣甲虫不断地将更多的新鲜便便加入进来，粪球变成了弹珠大小——"不够大，我需要更多。"粪球变成了柠檬大小——"不够，我要更多。"粪球变成了苹果大小——"差不多了。"现在，这个粪球艺术品比圣甲虫自己要大得多。

制作巨大的圆粪球只是第一步。接下来，圣甲虫摆好了姿势：头对着地面，后腿搭在巨大的粪球上，开始用力滚动它的作品。在完美的条件下，这位滚球专家可以保持每分钟13.7米的速度滚动粪球。滚动，滚动，再滚动。

大多数情况下，行进路线都不完美：小山丘可能会让圣甲虫和粪球的前进变得困难。"上山，下山。"选择另一条路线之前，圣甲虫可能会多次尝试推动粪球越过障碍。

此外，它们可能会遭遇粪球盗窃者的袭击。"嘿，这里有一个完美的粪球。抢过来，我就不必费力制作了。"有时候，盗窃者可能会假装帮忙。一旦时机成熟，它们会试着把粪球抢走。粪球抢夺战可能就此爆发。盗窃者抓紧珍贵的粪球不放手，而粪球的合法所有者爬到粪球顶部来宣示自己的主权。盗窃者试图滚动粪球，将主人掀落在地，然后自己爬上去。

蜣螂 © 斯坦·奥索林斯基（Stan Osolinski）/FPG International

粪球争夺战会一直持续，直到一方放弃。
通常，争夺战不会导致重大伤害。

如果成功越过山丘并抵挡住了其他圣甲虫的袭击，圣甲虫会将粪球带到远离粪便排泄地点的安全区域，然后埋入地下。圣甲虫放下未来的大餐后，就开始挖洞，将粪球埋入洞中。这种做法是为了日后享用。

任何时候，蜣螂都更喜欢粪球，而不是巧克力球。

对蜣螂来说，粪球不仅仅代表着食物，还是新生蜣螂的托儿所。

雌性蜣螂在粪球内产卵。蜣螂的幼虫看起来像肥胖的蠕虫，它们啃食美味的粪球托儿所，逐渐成长。某些种类的蜣螂只有雌性才会制作和滚动粪球，其他种类的雌性和雄性会共同操持家务。雄性负责制作粪球。"哦！完美的粪球，和我想象的一样。"幸福的情侣会共同滚动粪球：雄性推，雌性拉；或者雌性骑在粪球顶部，如同伐木比赛中的伐木工人一样站在原木上蹦蹦跳跳的，不过这是仅属于便便爱好者的独特爱好。

蜣螂是一种伟大的生物。或许，每种生物都有权发表自己的意见。如果不是蜣螂，粪便可能会堆满田野，甚至可能导致整个世界被粪便占据。粪便、粪便……到处都是，没有一块干净的地方。

古埃及人将蜣螂视为神圣的圣甲虫。他们相信，粪球的滚动象征着太阳在天空滚动的力量。

好吧，蜣螂很有存在的必要。
嗯，蜣螂很神奇。

可食用的便便饼干

你需要：量杯、量匙、搅拌碗、饼干托盘、深平底锅、烤箱、搅拌勺、人造奶油、可可粉、红糖、白糖、香草、面粉、燕麦片、碎小麦或小麦片、鸡蛋、绿色食用色素。

步骤：让一位成年人帮你把烤箱加热到 190℃。在深平底锅中放入 1/2 杯人造奶油、1/2 杯白糖和 4 量匙可可粉。融化混合物，放在一边。在搅拌碗中加入 1/2 杯红糖、1 个鸡蛋、1/2 量匙香草、1 杯面粉和 1 杯燕麦片，搅拌均匀。添加适量绿色食用色素，再次搅拌。加入谷物并搅拌均匀。（注意：如果使用碎小麦，请首先将小麦粉碎。）将面团做成便便的样子。你可以制作扁平的牛粪或猫屎条。在烹饪过程中，面团会稍微变平，请记住这一点。将饼干放入烤箱。烤制 9 ~ 11 分钟后端出来。食用前，将饼干单独摆放在盘子或餐巾纸上，这样视觉效果最佳。找一个没有闻到烘烤饼干味道的人，说：**"嘿，想尝点儿味道独特的食物吗？"**